帶人不能用命令，一定要學會

暗示的技術

62招讓自己更輕鬆，贏得人心的暗示法則
不必把話說白，任何人都能自動自發幫你做事！

內藤誼人◎著　楊明綺◎譯

【図解】人を魅了する暗示の技術

目錄

第2章 活用暗示技巧，職場、情場都順利！

第3章

讚美，是必殺的暗示絕招！ 63

第4章

職場帶人，也要懂得「暗示的技術」！ 85

第5章 瞬間有效，將「暗示」巧妙藏在對話裡！……109

第6章 增加自信心的自我暗示技巧

前言

想要「帶人又帶心」，你得先學會「暗示的技術」！

當你聽到「暗示」，會聯想到什麼呢？
猶如騙局的催眠術？還是類似一種咒語？
抑或是，一種迷信或是求得一時寬慰的方法？
如果你有這些先入為主的觀念，那你一路走來的人生，損失可就大了。正因為你覺得「暗示」是一種盲目的信仰，才會把它誤解成迷信。**其實懷疑暗示效果的你，早就在無形中就被別人下了某種暗示，按照別人的意思行動。**

◎人際互動的法寶、說服他人的工具

「暗示」到底是什麼呢？首先，翻開手邊的辭典吧！根據《廣辭苑》第六版的解釋，所謂暗示，就是：「用間接含蓄的手法，將感覺、觀念企圖傳達給別人的一種行為。」

這個解釋很拗口，但想表達的意思其實很簡單，請注意「間接」這個詞。

沒錯，**暗示不是「直接」訴求，而是「間接」驅使對方，進而誘導對方的一種溝通方法**。因此，只要學會暗示技巧，便能期待以下效果：

- 驅使對方按照你的意思行動。
- 讓別人不只為你做事，而且是「心甘情願」地把事做好。
- 輕易贏得別人的好感，讓你人緣超旺。
- 將「**YES**」變成「**NO**」，將「**NO**」變成「**YES**」。
- 有效改善人際關係。

對方完全不會察覺「暗示」所帶來的改變，只會無意識地接受你的主張。明明是你在主導一切，對方卻以為是按照自己的意思行動。就某種意義來說，「暗示」是種風險極高的技巧。

當然，「暗示」不必特地準備什麼道具。也不必像漫畫裡的催眠師那樣，拿著一個墜子在對方面前晃來晃去。**只要運用一些言語、動作，搭配一點演出效果，就能驅使對方按照你的意思行動。**本書就是要為大家介紹這類非常實用的暗示技巧。

另外，暗示還有一個非常重要的功用，那就是**「自我暗示」**。改變個性不是一件容易的事，但給自己一點暗示卻很簡單。**當你不曉得該怎麼與別人溝通，心情變得消極、膽怯時，只要活用一點暗示技巧，就能改變自我，走出困境。**

◎暗示自己，人生就會出現改變

相反地，也可能會有這樣的情形。事業、人生都不順利的人，容易給自己負面的暗示。例如，**暗示自己會「失敗」，就真的會失敗。**或是煩心事一堆的人，不曉得該給自己什麼樣的暗示，才能解決困境。

暗示也是一劑猛藥。從心理學家的觀點來看，無論是偉大的領導者、成功的企業家，還是敗德的大騙子，都是善用暗示技巧的高手。

我懇切希望大家能秉持良善的道德觀，將本書介紹的「暗示」用於正途，在人生的道路上走得更順利成功。

內藤誼人

第1章

一定要學會的 7種基本暗示技巧

你「暗示」過別人嗎？成功率多高呢？
說破嘴，搬出一大堆理由，也無法說服對方？
簡單一兩句話，就能說服人！
學會最基本的暗示技巧，你會立即感受到驚人效果！

01 人人都是算命師，只要你懂心理學

◎「其實你很怕寂寞，對不對？」這就是一種暗示

算命師可說是最會運用「暗示」技巧賺錢的行業。是不是真的算得很準，我不做評論，但可以斷言的是，算命這玩意兒一點都不困難，尤其是講到關於個性方面的問題，命中率幾乎高達百分之百。

例如，算命師總是一邊屈指算，一邊說：「你的人際關係最近不太順利，可能有小人喔……」，像這種事應該不用算也知道，因為來算命的人十個有九個都是因為工作不順，而多數原因都是人際關係出了問題。這種說法就是一種「暗示」。

當然，算命師還有更狡猾的招數。聽到以下這幾句話，你會做何感想？

「你看起來很開朗，大剌剌的，但其實心思很細膩……」

「你外表柔弱，其實骨子裡蠻強悍的。」

「其實你拗起來，也蠻倔強呢！」

「其實你很怕寂寞，對不對？」

怎麼樣？是不是覺得都被說中了？

這在心理學上稱為「巴納姆效應」（Barnum effect），也就是**聽到別人評論自己的個性時，會不由自主地想：「沒錯，就是這樣！」**

◎入侵對方的心，從「說個性」開始

如果想抓住對方的心，可以試著活用「巴納姆效應」，說說對方的個性吧！不管說什麼都可以，你可以試著這麼說：「其實你是個很溫柔、心思很細膩的人。」──這麼一來，**對方就會想：「只有這個人能了解我！」然後立刻敞開心房，跟你吐露心事。**

這樣「一定」能說中對方的個性！

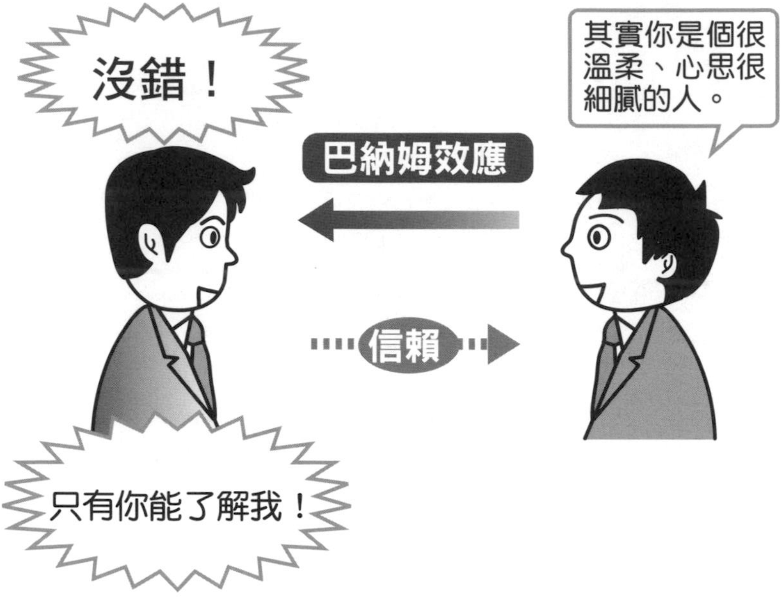

靈活運用「巴納姆效應」，就能輕鬆贏得對方的信賴。

◎其實你不一定認識真正的自己

挪威企業研究員寶林．安德森曾與挪威大學合作，進行一項實驗。他們找來 75 名大學生，進行一項沒有實際根據的個性分析，也就是分別將寫有每個人個性分析的紙條，交給他們。當然，紙條上寫的個性分析全是胡謅的。

實驗結果顯示，所有大學生都回答：「**沒錯，我的個性就是這樣。**」這項實驗可說是典型「巴納姆效應」的實例。

02 描述越詳細，「暗示意味」越濃厚

◎跟主管請假，該怎麼暗示？讓對方「想像情境」，就會被認同

「盡量描述得越詳細，越具體」是暗示的一大原則。

如果你打電話向主管請假只說：「我感冒了，想請假休息一天。」一定會讓別人懷疑你是不是真的感冒。但如果你說明得再詳細一點：「我從昨天晚上開始，身體就一直發冷，喉嚨又腫又痛，早上發燒到38.3度，全身無力、連癱坐在椅子上都很不舒服。」結果又會如何呢？主管肯定會很擔心地說：「那你趕快去看醫生，好好休息一下吧！」

根據美國華盛頓大學心理學家，布瑞德．貝爾所做的一項實驗結果顯示，**一件事情描述得越詳細，可信度可提高32%**。

「想像」可以提高事情的可信度

但具體詳述一件事情並不容易，此時可以運用「讓對方想像情境」的說話訣竅。例如，有位業績很差的員工向客戶說明商品「性能」時，除了和其他廠牌比較有何優點之外，也提出詳細的數據，但客戶卻始終不買單、興趣缺缺。

另外一位業績長紅的員工，則是舉出各種「情境」輔助說明。像是使用這台最新型的食物調理機包餃子時，可以想像全家人開心用餐的模樣；或是開著敞篷車去海邊兜風時，可以感覺多麼自由自在等。

不是一股腦兒地說明商品的功能，而是讓顧客想像使用商品時的情景。這麼一來，就不用耗費唇舌拼命推銷了。

只要膨脹對方的想像力，他就會更認同你的說法。所以，即便是天馬行空的推銷，只要說明得越詳細，就越能提升可信度。

說得越詳細，越容易被相信

我感冒了，想請
假休息一天。

可信度低

而且發燒到
38.3 度。
我從昨天晚上開
始就一直發冷。
連癱坐在椅子上
都很不舒服。
喉嚨又痛又腫。

可信度高

就算憑空捏造細節，瞎編得越詳細，越能提升事情的可信度。

03「貼標籤」法則，效果驚人

◎幫對方鋪路，引導他照你的意思行動

光是贏得對方信賴，還稱不上是暗示的技巧。**告訴對方「你是個什麼樣的人」（貼上標籤），然後鼓勵他按照你的意思行動，才算是真正的暗示。**

美國賓州大學心理學家，羅伯特．葛蘭曾將500名主婦分成兩組，然後假扮成慈善義工訪問她們。只讚美其中一組主婦：「妳真是個好心人，好親切哦！」，給她們貼上**「妳好親切」**的標籤。於是，再次登門募款時，這些被貼上「妳好親切」標籤的主婦，顯然比較踴躍樂捐。**這在心理學叫做「標記效果」**。

前述實驗也可應用在工作上。例如主管給部屬貼上：「你人真好！」之類的標籤。這麼一來，**因為他認定自己在上司心中是個「好人」，所以很難拒絕上司的要求。**好比為對方預設立場，讓他不得不那麼做——這就是驚人的暗示效果！

抓住對方的心，什麼都好辦

按照「被貼的標籤」行動

先幫對方貼上「個性好」的標籤，對方就會在無形中，心甘情願地照你的意思行動。

04 暗示的話術，要簡短有力

◎想說服人，一句「簡潔有力」的話就夠

參加喜宴或聚會時，相信不少人都很怕聽到令人如坐針氈，落落長的婚禮致詞吧！之所以會讓人有不耐煩的感覺，**並不是因為致詞的內容不好。而是因為內容過於「長篇大論」**，不僅讓賓客聽得心煩，也不會留下任何印象。

美國布蘭迪斯大學心理學家，諾拉·瑪菲進行了一項實驗。

首先，錄下一群大學生交談的情景，然後播放影像給評定者觀看，請他們猜測影片中每位學生的IQ值。結果發現，能將各式話題表達得越簡單易懂的學生，被評測的IQ值越高。從實驗可知，**表達得越言簡意賅，給人的感覺越聰明，所主張的言論也就更具說服力。**最有名的例子，莫過於前美國總統林肯發表的「蓋茲堡演說」，這篇演說雖然只有短短3分鐘，卻是後人最常引用的政治演說。

◎「重點」使人變聰明

遇到必須花時間說明的情形時，不妨加入「簡短有力的說詞」。

像是美國總統歐巴馬競選期間，最為人津津樂道的口號：「YES WE CAN！」就是一例。這麼一來，即使前後話題有些艱澀難懂，也能讓聽者比較容易接受，產生共鳴。這個方法特別適用於演講、會議等場合。

講話要「簡短有力」

×

也就是說，想要
克服這次的金融
危機，必須先處
理債權問題……

- 說明冗長
- 內容艱澀難懂
- 感覺腦袋不太靈光
- 無法信賴

一般政治人物

○

雖然我們面臨很多問題，
Yes, we can !
但美國一定
會重振的！
簡短有力的說詞

- 說明簡潔有力
- 內容簡單易懂
- 感覺很有智慧
- 值得信賴

美國總統歐巴馬

即使前後內容很冗長，只要加入一句簡短有力的說詞，也能讓人留下深刻的印象，打動人心。

05 強調是「大家的意見」，暗示他不能違抗

◎誰都無法拒絕「多數人」的意見

一味強調「自己的意見」，不但很難改變對方，也容易引起大家反感。

其實有個小撇步可以試試，那就是**撒點無傷大雅的小謊，強調這是「大家的意見」**。具體來說，就是將第一人稱的「我」，改成「大家」。

「大家都這麼說呢！」

「看來大家都覺得很傷腦筋呢！」

「這東西可是大家都搶著買的超人氣商品呢！」

像這樣強調這是多數人的意見，對方就比較容易接受。這在心理學上稱為「從眾效應」。

◎菜市場的「臥底媽媽群」，就是一種心理戰術

美國佛羅里達州大西洋大學心理學家，畢夫．拉達內讓744名參加實驗的人「選擇一種喜歡的顏色」，然後指定某些人選擇特定的顏色，結果發現約有31％的人，也會選擇這個特定的顏色。**只需要一項變因，便能影響31％的人**，這數據在心理學上算是頗高的。

在超市賣場經常會有一些「臥底媽媽群」混在人群裡，藉此增加買氣；或是舉辦活動時安插一些暗樁，吸引更多人潮，這便是「從眾效應」的應用。

所以與人溝通時不妨試著加入一些代表「眾人意見」的字眼，更容易說服別人。**就算對方不認同你的意見，也會買「大家」的帳。**

將主詞換成「大家、民眾、每個人」

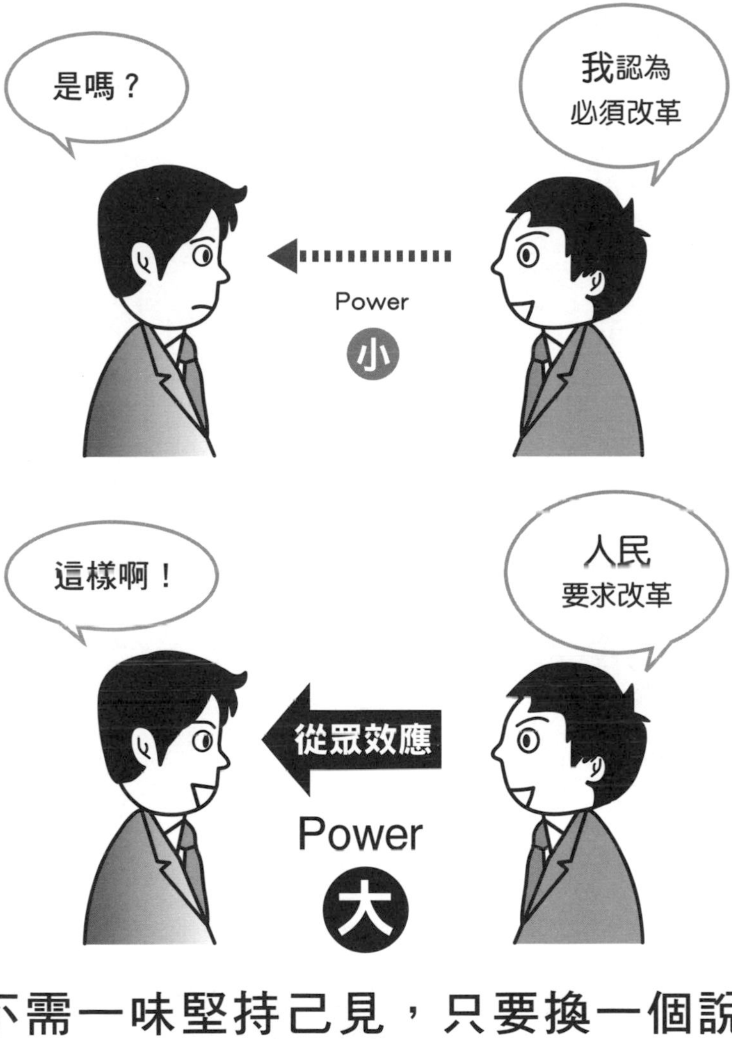

不需一味堅持己見，只要換一個說法：「大家也這麼覺得……」，就能改變對方的想法。

06 理由，不一定要有正當性

◎不用搬出一大堆理由，也能輕鬆說服對方

即便說破嘴，搬出一大堆理由，也無法說服對方，你一定有這樣的經驗吧？

心理學上有一種稱為**「不管搬出再怎麼爛的理由，也能說服對方」**的理論。哈佛大學心理學家，艾倫．蘭格曾做過一項知名的實驗。他向準備影印的人提出以下要求：

《例1》「不好意思，可以讓我先影印嗎？」

《例2》「不好意思，我急著要影印，可以讓我先影印嗎？」

雖然例1是很一般性的說法，卻沒有說明「為何急著要用的理由」或是「必須讓我先影印的理由」。相較於例1，**例2的說法稱為「循環理論」，也就是好歹說出「看似」急著要用的理由。**

雖然事後細想，例2所言根本稱不上是什麼像樣的理由，但聽起來還是很有那麼一回事。結果發現例1的成功率只有60%，例2的成功率竟高達93%。

◎說出「偽理由」來爭取時間

只要搬出「聽起來很像一回事的理由」，便能輕易讓對方停止思考，自然而然地接受你的說法。這是溝通時很好用的一招。

但有一點必須注意，那就是不能讓對方有充足的時間思考。**因為當對方冷靜下來思考時，便會發現你的理由根本不是正當的理由。**所以一定要迅速表達，不能給對方思考的空檔。

第一步先「搬出理由」

先「否定」他人，氣勢凌人地搬出理由就能佔上風。

◎之後再捏造理由就行了！

政論節目中，善於辯論的人都是從「否定別人」的觀點切入，也就是打斷對方的發言，大聲否定對方的說法。然後等對方停止思考時，再說明自己反對的理由。這時的重點不在於理由是否正當，而是**中斷對方的發言，讓自己的氣勢佔上風**。

辯論的重點不是在於「誰的意見最好」，而是較勁「誰比較厲害」。所以先從否定對方的觀點切入，之後再想理由就行了。

07 說話的音量，比平常大上兩成

◎說話含糊的人，感覺靠不住

說話小聲、咬字模糊不清的人，往往給人不太牢靠的感覺。真的是越有自信的人，越能大聲說話？其實這樣的說法並不正確。**不是因為有自信，所以能大聲說話，而是因為大聲說話，提升自信心，讓你看起來更有說服力。**

美國麻薩諸塞州布蘭德斯大學的心理學家，喬納森．羅賓遜進行過一項實驗。他錄下一名女子和兩名男子的對話，然後分別以70分貝與75分貝的音量，播放給受驗者聽。

事實上，一般人的耳朵根本無法分辨這5分貝的差別，沒想到受驗者都認為75分貝的帶子聽起來「比較有道理，而且有說服力」。由此可見，**只要稍微提升一點音量，說出來的話就更能打動人心。**

◎說話大聲一點才有「存在感」

日本人說話普遍比較小聲。就心理學的觀點來看，這是一個絕佳的表現機會，正因為周遭的聲音比較小，只要你說話稍微大聲一點，就能凸顯自己的存在。

而且大聲說話還能激勵自我，讓自己更有活力。因此，臨床心理學有種讓求詢者（client）進入隔音室，盡情大叫，釋放情緒的療法。但這也不是要求你將說話音量放大一倍，只要比平常的音量大上兩成就行了。

聲音有活力，也能感染到自己

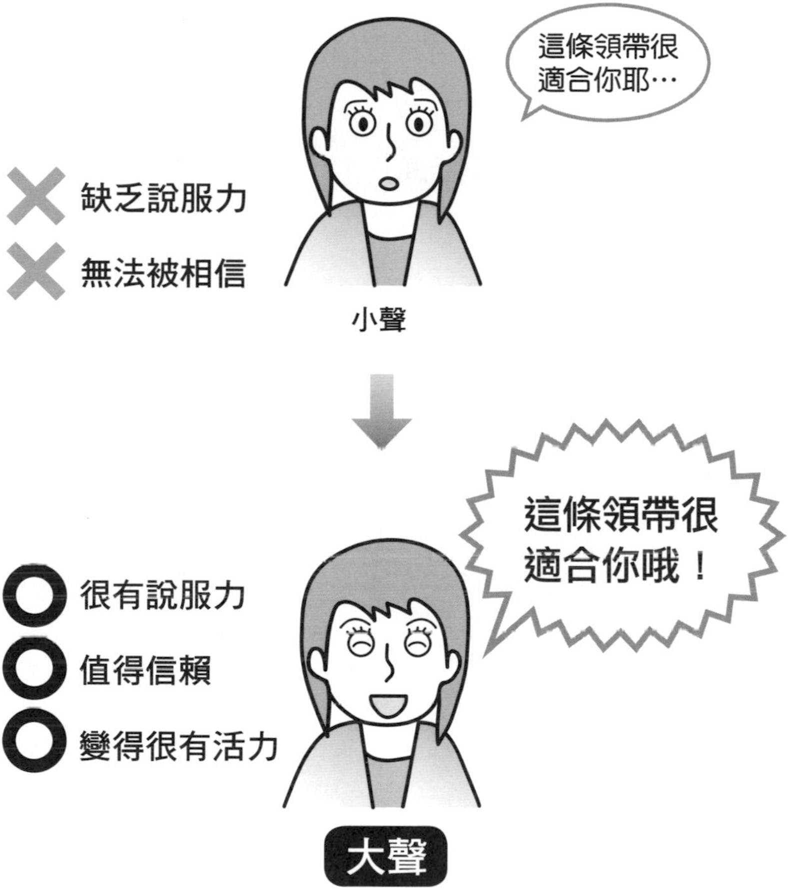

同一句話，只要音量比平常大聲一點，就會更有說服力。

「低聲」暗示，效果驚人

關於「聲音」的暗示有一個很有趣的理論。哥倫比亞大學心理學家威廉．艾波，以「聲音頻率的高低，會如何影響給人的印象」為題，針對40位男學生進行一項實驗。

首先準備一卷討論社會議題的錄音帶，然後用機器操縱變化出「低沉」、「一般音調」、「尖銳」三種聲音，分別播給學生聽。當然，使用的是同一卷帶子，談話內容、說話速度，音質等都一樣，只是聲音頻率的高低不同。

實驗結果顯示，**聲音越低沉，可信度越高**；聲音越尖細，可信度越低，讓人難以產生共鳴，反而會有無能、神經質等負面評價。

理由很簡單。人一緊張，聲音就會變得比較尖細，說起話來也會比較興奮、激動。**因此高聲說話，不僅無法發揮暗示效果，反而會讓對方察覺你很緊張、不安。**所以使用暗示技巧時，要盡量壓低聲音，才能讓自己看起來更沉著冷靜。

第2章

活用暗示技巧
職場、情場都順利！

職場、情場四處逢源的人氣王，

其實是在無意間偷偷用了暗示小魔法。

本章將介紹能夠招來好人緣的暗示技巧，

當然，也適用於戀愛唷！

08 「主動幫忙、問候」才是最強的武器！

◎想有好人緣，就該主動釋出善意

你的周遭是否有那種長相普通，工作能力平平，談吐也不是很幽默，可是卻很受大家歡迎的人呢？

乍看之下，會搞不懂他們到底有什麼魅力，為什麼大家都很喜歡和他們聊天？其實，他們有一個非常強大的武器，那就是懂得如何**「主動釋出善意」**。

一個人之所以會受同事、朋友歡迎，並不是因為他的外表出眾或能力優秀，純粹是因為他會主動幫忙、主動問候、主動釋出善意的緣故，這在心理學上稱為「善意回應」。

◎收到「善意回應」的方法

美國東北州立大學的心理學家茱蒂絲．霍爾，針對350名70歲以上的老人家，調查他們到醫院看診時「對醫生的好感度」。同時也調查醫師「對患者的好感度」。結果發現，**獲評好感度越高的患者，對醫師的好感度也越高**。

回想自己的學生時代，是否曾為突如其來的告白而心動？接著開始注意到他（她）的存在，然後就喜歡上對方呢？

當某人對你釋出好感，你也會開始試著注意並回應對方。這就是典型的「善意回應」。

單方面地要求對方，很難得到認同

主動釋出善意，別人才會用同等的善意回應你。

09 別小看無關緊要的「題外話」

◎中規中矩、三句不離工作的員工，業績反而差

應該沒有人會覺得個性一板一眼的人很有趣吧！無論他的個性再怎麼正直，還是很難擁有好人緣。

杜克大學的社會學家多納德．羅伊，曾親自到某間工廠工作兩個月，進行一項研究調查。期間他與員工們建立良好的互信關係，並成功誘導他們說出真正的心聲。此策略稱為「參與觀察法」。

這些員工平均每週工作6天，工作內容是非常單調的作業流程；對大部分的人來說，這是一份很難讓人提得起勁的工作。

不過羅伊卻意外發現，有些員工很「享受現在這份工作」。**他分析這些員工對工作感到滿意的理由，竟然是「工作時能與別人閒聊」。**

「閒聊」在溝通學上稱為「八卦」或「題外話」。工作時若總是接收正經八百的資訊，難免會感到疲乏。**這時候如果適時說些無關緊要的「題外話」，就能調和一下氣氛。**

◎會「閒聊」的人，工作效率更高

個性死板的業務員，業績一直無法提升的原因，就在於不懂適時說些題外話，三句不離工作、合約的溝通方式，是無法提升業績的。

相對而言，那種擅長和客戶聊時事、體育話題的業務員，總是能輕易擄獲客戶的心，在商場上無往不利。因此，**想要提升工作績效，獲得主管賞識，不僅要具備專業知識，也要讓自己成為擅長聊天的人。**

不時說些題外話，氣氛會更好

題外話
說到種子島，就會想到知名的種子島宇宙研究中心。老師以前也很想成為太空人呢！
主要內容
因此，1543年，外國的槍砲傳入種子島。
真有趣！
是哦！

說話時，適時加入一些有趣的題外話，就能讓氣氛更熱絡，成為團體中的人氣王！

10 主動提起「共通點」，拉近關係

◎附和對方的看法，增加彼此好感度

出席聚會或婚宴場合時，會覺得和認識的人比較有話聊，對吧？或是發現彼此學生時代的某些背景類似、聊到相同興趣的話題時，也會一下子變得很熱絡；另外像是同名同姓、同一天生日、使用同款手機等，都能在不知不覺中拉近彼此距離。

其實這種事沒什麼好不可思議的，根據紐約州立大學李．威斯特瑪斯博士的研究，與交談者的共通點越多，越容易出現下列情緒反應：

❶彼此產生好感。
❷發現對方的魅力。
❸容易與對方產生共鳴。
❹想要幫助對方。

◎氣味相投，距離更近

因此，**想吸引他人目光，就要先好好地調查對方的基本資料，然後主動說出自己與對方的共通點。**例如喜歡看的書和電影、喜歡吃的食物，甚至曾參加過的社團、家鄉、家族成員、血型、崇拜的偶像、鞋子尺寸等，盡量發掘彼此的共通點，然後再根據不同的場合需求說出來就對了。只要這樣一個小動作，就能拉近彼此的距離。

此外，「發掘共通點」也是化干戈為玉帛的一記妙招。**就算是互看不順眼的兩個人，一旦有了共通話題，就能有效地化解嫌隙。**

和對方一定會有「共通點」，找找看！

不管是職場或人際往來，彼此的共通點越多，越能感受到對方的魅力，感情也能在無形中升溫。

11 「示弱」是緩和關係的暗示高招

◎適度地「放低身段」，更能贏得人心

並不是只有偉人、才華洋溢的強者，才能贏得人心。相反地，他們反而給人一種難以接近的感覺。心理學上有一招狡猾的暗示技巧稱為「敗犬效果」（underdog），意思是**只要適當地示弱，就能激發對方的共鳴與同情心**。

美國里奇蒙大學心理學家，羅伯特・賈克隆讓大學生閱讀一篇專業經理人的介紹文，接著徵詢他們的看法。結果發現，有寫出自己弱點的文章，學生們的好感度是4.92分（滿分為7分）；而沒有寫出自己弱點的文章，好感度則只有3.88分。

日本人將適度地顯露缺點視為一種「謙虛表現」，而且更能贏得別人的好感。雖然揭示自身弱點可以激發對方的共鳴與同情心，不過，**在對方的同情心中，多少會摻雜一點「優越感」**。

◎不要害怕表現缺點

完美無缺的人雖然備受尊敬，卻不見得受人愛戴。所以，只有懂得顯現缺點的人，才能成為實力與人氣兼具的人氣王。

與同事或主管溝通不順時，**「適度地示弱」也是一劑緩和與上司關係的良藥，而且遠比硬碰硬相處來得更有效**。

當然，異性之間的相處也一樣。建議大家視情況而定，靈活加以運用。

「強勢」要看場合

・正當性
・威嚇感
・恐怖感

帶領部屬
適用於工作方面

強勢訴求

・共鳴
・同情心
・優越感

面對上司
適用於私人方面

適度示弱

想爭取到上司、主管的支持，就要懂得適度示弱。

12 優缺點都提示，說服力增加5倍

坦率說出缺點，才能贏得信賴

相信很多人對電視購物的「夢幻逸品」都抱著懷疑的態度吧！**天下沒有白吃的午餐，優點太多、完美無瑕的事物，反而更容易讓人起疑心。**

南加州大學的麥克．卡敏斯副教授，曾將原子筆的5種優點（好寫、好握、不斷水等）做成黑白兩種廣告。一種「極力強調5種優點」，另一種則「只強調造型與品質」。結果發現，後者比前者高出5倍說服力。像這樣同時列出優缺點的手法，稱為**「兩面提示」**；只強調優點的手法，則稱為**「片面提示」**。

這個原理也適用於人際關係，**一味強調自己優點的人，很難贏得信賴**；不如採取兩面提示的手法：「**雖然我不擅長○○，但對自己的能力有信心。**」如此一來，更能贏得別人的信賴，也更能凸顯自己的優點。

優缺點都得讓別人知道

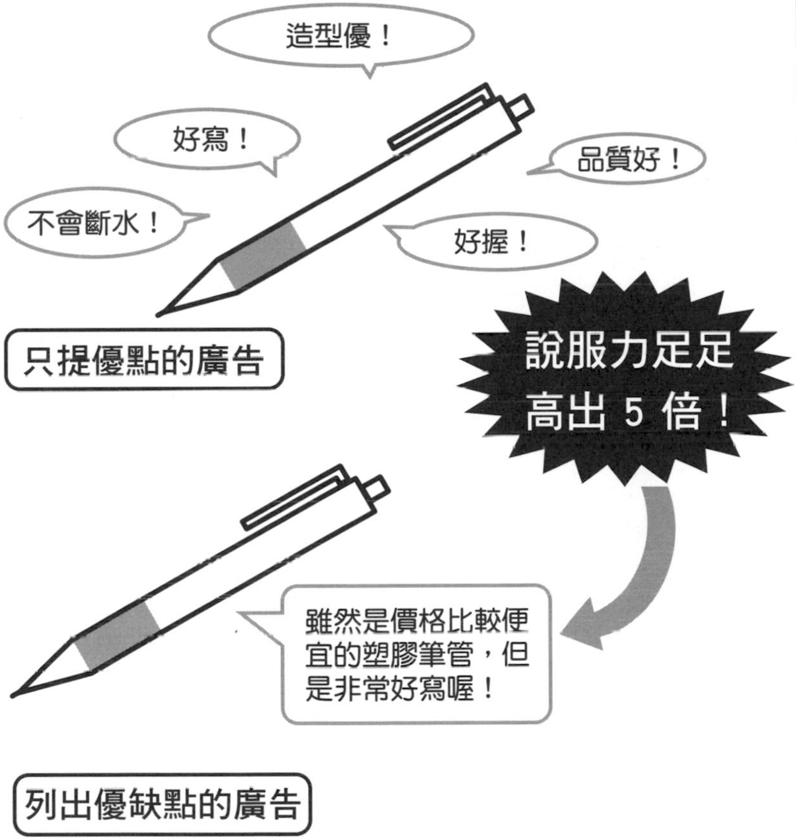
造型優！
好寫！
品質好！
不會斷水！
好握！
只提優點的廣告
說服力足足
高出 5 倍！
雖然是價格比較便
宜的塑膠筆管，但
是非常好寫喔！
列出優缺點的廣告

介紹自己時，別光說優點，不妨也坦白說出自己的缺點，這樣更能贏得別人的信賴喔！

13 暗示「下一次」想再碰面，怎麼說？

◎透露想「更進一步來往」的訊息

相信不少人都有這樣的感覺——同處一間辦公室的上司和同事，只要相處久了，彼此的感情就會慢慢加深。然而，面對初次接觸的客戶，卻很難在短時間內讓對方產生好感。

工作時難免會遇到態度不太友善、積極的人，他們之所以擺出這種態度，理由其實很簡單：**因為對方認定你是個「不會再見面的人」，態度自然就會顯得輕率而敷衍。**

喬治亞大學的心理學家戴比．薛佛曾把48名男女分成兩組，進行面談。首先，他先告訴其中一組受測者：「你和這個人只會見一次面而已。」然後進行面談。再來，他告訴另一組受測者：「今後還有機會和這個人碰面。」接著進行面談。

◎人前留一線，日後好相見

結果發現，被告知「只會見一次面」的這一組，在面談過程中非常地草率；而被告知「以後還有機會碰面」的這一組，過程不但比較積極，還會多聊一些私人的事情。

因此，當你和初次見面的人交換名片時，不妨說：「希望下週能找個時間碰面。」或是「希望今後能保持聯絡。」就能拉近彼此的距離。換句話說，**只要傳達「希望還能保持聯絡」的訊息給對方，對方的態度也一定會變得更友善。**

取得「第二次見面」的門票

您好，我是〇〇公司的××。希望今後能保持聯絡，請多多指教！
您好，我是〇〇公司的××。

感受到
以後還有碰面的機會

希望下次再見面的

積極態度

感受不到
以後會有碰面的機會

不會再次碰面的

敷衍態度

面對「不會再碰面」的人，態度自然會比較敷衍，也不會想和對方熟絡。

14 不是「答案」，而是「同理心」

◎常說「我懂」認同對方，別講一大堆「方案」

朋友找你商量事情時，你是否提出了中肯的建議，但對方就是無法接受，他講他的，你說你的？兩人之所以沒交集，其實問題出在你身上。

因為對方想要的不是「答案」，而是希望「被理解、接納」，進而獲得共鳴與認同感，將自己的想法正當化。

這時候最恰當的回應是：「就是啊！」、「我明白」等，表示你認同對方的想法。千萬別小看這兩句話的強大效果，因為它們隱含著：「你說得一點都沒錯！」、「嗯，我也很認同！」此類微妙的含意。

◎「認同」是產生好感最快的方式

這種肯定對方想法的行為，在心理學上稱為「社會正當化」。紐約州立大學的心理學家西德尼．修雷格，曾將參加實驗的人不分男女、分成3組。讓他們在一定的時間內自由交談，然後再調查對彼此的印象。

結果發現，**越是「肯定別人想法的人」，得到的正面評價越高。**

另一方面，老是回應：「可是啊！」、「是這樣嗎？」、「真的嗎？」等帶有否定、懷疑語氣的人，得到的評價普遍不高。

就算撒個小謊也無所謂，只要附和一句：「就是啊！」絕對更能贏得人心。即使心裡不是那麼認同，**但只要表達你能理解對方的想法，不但可以拉對方一把，還能大幅提升自己的人氣呢！**

對方想要的，從來就不是「答案」

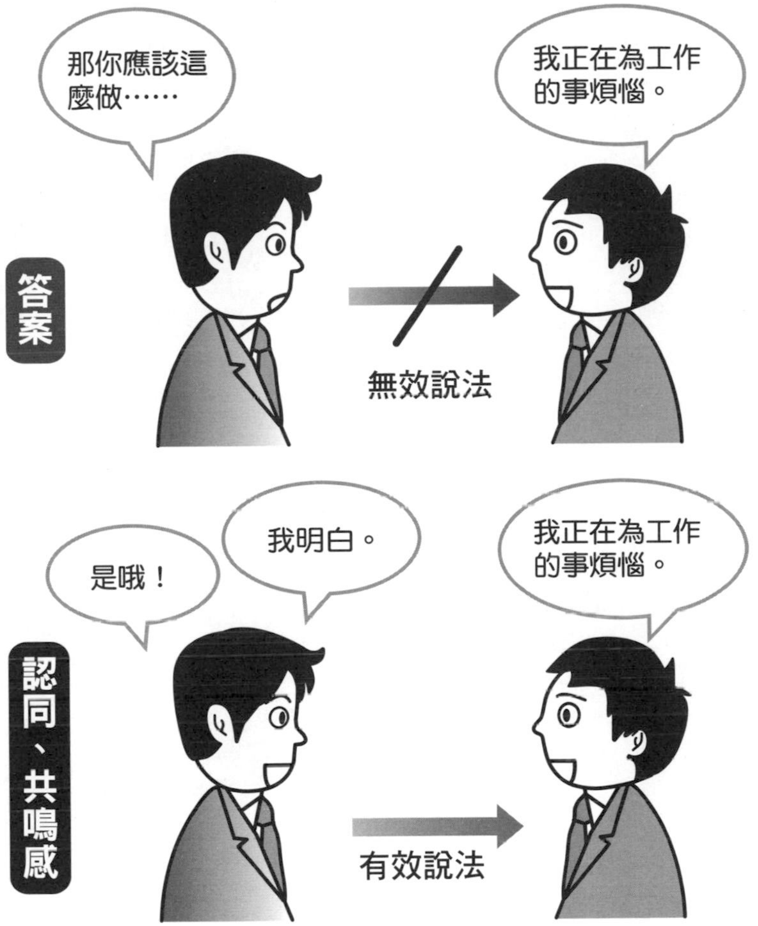

「表現同理心」絕對比「給他答案」更好，比起正經八百的回答，表達出你的認同更重要。

15 懂得「裝忙」，提高自己的身價

◎忙碌很好，證明你有人氣

任天堂遊戲機和Wii剛推出時，因為太暢銷還缺貨了好一陣子。或許真的是因為供不應求，但就心理學來說，這是一招叫做「物以稀為貴」的銷售手法。

為什麼呢？因為每個人都有**「越難到手的東西，越覺得珍貴，也就越想得到」**的反應，在心理學上稱為**「稀有法」**（Hard-to-get technique）。

例如，當人氣餐廳推出「每日限定10份」的特製套餐時，就會吸引大排長龍的客人，但是大部分的客人就算排隊也吃不到；從此這份套餐就成了物以稀為貴的「夢幻特餐」，吸引更多的客人上門。

這個道理也適用在人際關係上。**當朋友邀約時，千萬不能一口就答應。即使沒有安排別的事，也要告訴對方，必須先確認一下行事曆**，接著請這麼回答：「約9

點嗎？可是我晚上已經有約了，可能會稍微遲到一下，這樣可以嗎？」總之，要適度地裝忙就對了。

◎物以稀為貴，「人」也是一樣

在工作方面，我建議大家設定一個原則，那就是**「下週的邀約一概拒絕。」**就算客戶詢問：「下週方便碰個面嗎？」也要斷然回答：「不好意思，我下週很忙，可以約下下週的禮拜二嗎？」

這樣一來，對方就會覺得你是個有能力又受歡迎的人，對你產生「物以稀為貴」的心理作用。也就是說，懂得「適度裝忙」就能輕鬆抬高自己的身價。

「下週的邀約」一概拒絕

我下週很忙，約下
下週可以嗎？
「物以稀為貴」
Hard to Get
下週嗎？好啊！
我隨時都有空。

感覺很忙的人	感覺很閒的人
↓	↓
稀有度**高**	稀有度低
↓	↓
魅力十足	缺乏魅力

人普遍會認為「物以稀為貴」，越難到手的東西，就越想得到。

16 丟臉的不是失敗，而是你不敢面對

◎大膽認輸，才有機會成功

日本的棒球先生長嶋茂雄總是會戴著尺寸稍大的頭盔上場打擊，當他用力揮棒卻慘遭三振時，因為力道很強，就會把頭盔震飛到半空中。

不過，就算被三振了，全國長嶋迷看到如此震撼的光景，也會覺得非常感動。長嶋先生曾說：「我和球迷一年只有一次能在球場上相見，就算輸球了，也要讓球迷們帶著滿足回去，這是身為職業選手的責任。」

像長嶋先生這樣大方展現「認輸的姿態」，反而可以贏得正面評價，這也是一招非常重要的心理戰術。例如，當重要交易一直無法搞定時，只能直接找對方的負責人洽談；這個時候，**就要抱著「被拒絕也是理所當然」的心態，讓周遭的人看到自己有著破釜沉舟、勇於接受失敗的決心，這樣就能提升他人評價並達到目的了。**

◎女人喜歡「潛力股」

根據密西根大學心理學家大衛．巴斯的研究結果發現，女性在擇偶時，最在乎男性的「發展潛力」。還有一些受訪者認為男性的經濟能力、對事業的企圖心等，也都是重要的判斷依據。

值得注意的是，根據巴斯的研究發現，女性並沒有很在乎男性的身分地位與經濟能力。換句話說，只要對方目前有一定的經濟能力就行了。所以趁著還年輕，失敗了也沒關係；**勇於面對失敗，大方認輸，更能讓別人看到你的發展潛力。**

不要怕，勇敢面對失敗

別怕丟臉，勇敢去面對失敗，反而能增加別人對你的正面評價，提升個人魅力。

學會看臉色，別惹心情不好的人

心理學中有個叫做**「情緒一致性」**的原理。這是什麼樣的原理呢？有項實驗結果可以說明。

雪梨新南威爾斯大學的心理學家，喬瑟夫．P．佛格斯博士曾進行一項實驗，那就是詢問剛看完電影的觀眾：「對自己人生的滿意度有多少？」。

實驗結果發現，剛看完喜劇電影的觀眾，大部分都會回答：「非常滿意。」相反地，剛看完悲劇電影的觀眾則會回答：「對自己的人生並不是很滿意。」

這是因為剛看完電影的「情緒」會影響自我評價。

情緒低落的人，容易遷怒於他人，就算別人善意地接近示好，也很容易掃到颱風尾。因此，根據「情緒一致性」原理，當一個人情緒低落時，還是別招惹他，保持距離比較好。

反之，當對方心情很好時，也正是拉近彼此距離的大好機會。

第3章 讚美 是必殺的暗示絕招！

人人喜歡聽好話，適時地誇獎、稱讚他人，
不管是「客套讚美」或「心機讚美」，
絕對是操控人心，最有效的暗示技巧。

17 人人都渴求別人的讚美

◎準備100句好話，就能從容應付各種場合

相較於歐美，亞洲人較少主動「讚美他人」，也很少「被讚美」。**明明大家都渴望被誇獎「你好厲害、你好可愛喔！」但在現實中卻很難如願以償。**

也許有人認為「這是亞洲文化的特色，沒必要刻意仿效歐美。」不過，多數亞洲男性鮮少受到公司及家人稱讚，於是會選擇花點小錢讓自己獲得些許滿足；有這樣的地方嗎？當然有，酒店就是最具代表性的地方。

只要肯花錢，年輕貌美的酒店小姐就會極盡能事地說好話給客人聽。對於工作忙碌，身心俱疲的亞洲男性來說，再也沒有比「被讚美」更叫人開心的事了。而女性只要到百貨公司、美容院等場所，一定多少都會有享受他人誇獎的機會。

◎「讚美」是人際關係的潤滑劑

積極地讚美別人吧！**因為，沒有人不喜歡被稱讚。而且當對方聽到好話時，心情肯定非常好。這個時候，就是拉攏彼此關係的大好機會。**

想學習讚美他人的技巧，最好的方法就是在腦海裡儲存許多讚美詞彙，例如：「哇！你很有天分耶！」、「你的工作效率真好！」、「你真幽默！」等，準備100句誇獎別人的話，然後靈活運用，便能從容應付各種場合了。

每個人都喜歡「被讚美」

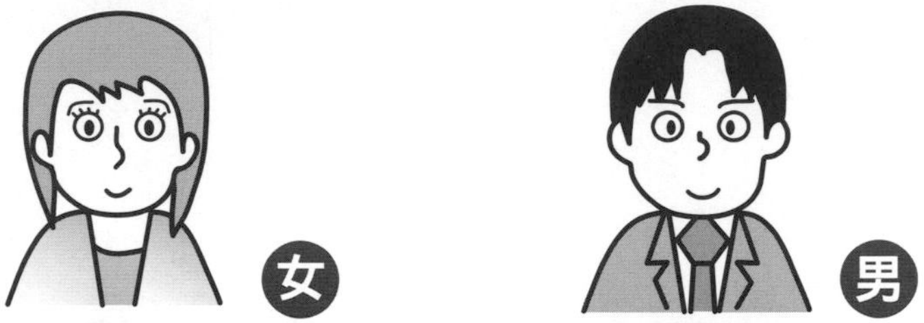

渴望被讚美

美容沙龍、社團活動、百貨公司等

渴望被讚美

酒店、小酒館、高級俱樂部等

男人女人之所以會到酒店、美容院花錢消費，是因為希望能聽到好話，藉此擁有好心情。

◎「讚美」讓人更有幹勁

北卡州立大學心理學家唐森・漢克曾做過一項關於讚美效果的研究實驗。

首先，將參加實驗的人分為兩組。其中一組講師大力讚美學生，另一組講師則完全不讚美學生。

結果發現，得到讚美的一組在課業方面的表現，可以拿到平均 46.8 分，反觀未受讚美的一組，平均只能拿到 34.7 分。由此可見，**人一旦受到讚美，不但能提升幹勁，也會比較投入課業與工作。**

18 刻意「認輸」，增加對方的優越感

◎吹捧對方：「果然厲害啊！」是一種高明的暗示

加拿大英屬哥倫比亞大學心理學家凱瑟琳．懷特，針對亞洲人特有的「某種心理作用」，發表了一項有趣的實驗報告。

懷特分別對參加實驗的歐美裔、亞裔的加拿大學生提問：「萬一考不好，你會如何重振心情？」一般來說，採取較正面積極態度的人，會鼓勵自己「更努力，力求表現」，或是勉勵自己「一定也可以考高分」。

這種想法在心理學上稱為**「優勢比較」**。

不過，多數亞裔學生的回答卻是：「安慰自己反正還有人比我的成績更差」、「反正還有人比我更差」、「其實自己也沒那麼差」等，以「反正還有人墊底」的心態來自我安慰，在心理學上稱為**「劣勢比較」**。

◎不知不覺取悅對方

實驗結果和文化、風俗習慣有關，與個人的上進心無關，更不涉及資質優劣的差別。純粹是亞裔學生的生活環境與習慣，讓他們較明白所謂劣勢比較的生存哲學。**有時吹捧對方，遠比讚美對方來得有效。**吹捧對方：「果然厲害啊！」比誇獎對方：「你做得很好」，更能縮短彼此的距離。

這招刻意讓自己處於下風，使對方產生「優越感」，進而操控對方心理的手法，算是有點狡猾的暗示高招。

能者多勞，拜託你了！

東方人比較習慣藉由「劣勢比較」得到滿足感，日本人尤其如此。

19 耐心聽、適時附和，對方就會信任你

◎別光傻傻地聽，記得要回應

你是屬於不善言辭，很難出聲讚美別人的人嗎？其實不需要自責，因為讚美並非一定要訴諸言語，有時也能運用其他方法，不露痕跡地達到暗示效果。**有一招博取好感的必殺技最適合不善言辭的人，那就是「耐心傾聽對方說話」。**

東肯塔基大學心理學家蘿絲瑪莉．朗瑟，曾對500位剛購買新車的車主提出一個問題：「買車時，最希望銷售人員提供什麼服務？」結果最多人回答：「傾聽我的需求」。也就是說，這些車主不喜歡銷售人員一味推銷車種，而是有耐心地了解顧客需求。客服中心處理客訴，以及心理諮商師聆聽案主的反應，都是同樣的道理。

當然，不光只是傻傻地聽，也要適時予以回應才行。熱心細聽對方所言，也能得到對方的信賴。**懂得不時附和幾句，遠比只是傻傻地聽來得更有效果。**

當「用心聽」的綠葉

構築信賴關係

別只是傻傻地聽，不時附和幾句才能讓彼此的溝通更加完整。

20 不求回報，往往能得到最多

◎活用「LOVE」說話術

想精進讚美的技巧，就必須懂得吹捧對方，無私地關愛對方。**而且不能光靠嘴巴說說，還要從根本上改變自我意識。**維吉尼亞聯邦大學心理學家，埃佛里特．華盛頓提倡「LOVE」說話術。所謂的「LOVE」，是取每個關鍵英文字的第一個字母而得名。

L——Listen（聆聽對方說的話）。

O——Observe（觀察、調查結果）。

V——Value（認同對方的價值）。

E——Evaluate（評價對方）。

這4項都是體諒關愛對方、而且不求回報的行為，然後慢慢構築屬於兩人的愛的銀行「LOVE BANK」，這就是心理學家華盛頓的主張。你可以親身力行「LOVE」這4項行為，而且你所投入的努力都會儲存在「LOVE BANK」。

◎「人際」資本需要耐心投資

雖然「LOVE BANK」的存款不知何時會到期，也許是1年、3年、5年後。不過可以肯定的是，你所投資的關愛都會儲存起來，利息也會越來越多。**一旦到期，所得到的回報，會比你當初付出的努力還要多。**

只要明白這個道理，就不會覺得為什麼每個月的投資都毫無回報。想像「LOVE BANK」的無形投資，**不要吝於讚美別人，你一定會有所收穫。**

LOVE，穩賺不賠的人際投資

L……Listen（用心聽對方說的話）

O……Observe（仔細觀察周遭環境）

V……Value（重視對方、認同對方）

E……Evaluate（適時地提出想法）

實踐 LOVE 這 4 類行為的過程中，你所付出的關愛，都會儲存在你與對方的「LOVE BANK」。

◎關於LOVE BANK的效用

乍聽之下，「LOVE」說話術讓人感覺有點像紙上談兵，不切實際，但有項實驗卻可以證明它的效用。

心理學家華盛頓針對包含已婚者的 51 組伴侶，舉行為期 3 週的研討會，讓他們學習「LOVE」說話術以及了解「LOVE BANK」的意義，並指導他們實際運用於生活中。結果 3 週後，**每對伴侶對於「彼此關係」的滿意度大幅提升。足以證明「LOVE」說話術確實有其效用。**

21 知識就像色鉛筆，越豐富越美麗

◎儲存多一點讚美他人的利器

不少人都以為詞彙量多寡，與一個人的知識程度有關。其實，運用詞彙的溝通力與表現力才是最重要的。

詞彙就像色鉛筆，只有1種顏色的色鉛筆，與有100種顏色的色鉛筆，哪一種所畫出來的圖畫比較豐富多彩呢？當然是100種顏色的色鉛筆。也就是說，**詞彙量越多，表現力就越好，也就更懂得如何讚美別人。**

一項有趣的研究資料，可以說明詞彙豐富與否，對於人際關係有何影響。

任教於愛荷華州立大學的麥克．賈雷斯教授，曾針對幼稚園的小朋友以及老師們進行一項調查。先讓老師針對60名小朋友進行人氣投票。接著再測驗小朋友運用詞彙的能力、傾聽能力以及表現力。

◎「讚美」是需要培訓的能力

對照測驗與老師投票的結果，發現越受老師喜愛的小朋友，他的詞彙展現越豐富，更有耐心聽別人說話，表達能力也很好。

因此，**增進表現力的先決條件，就是多多充實詞彙**，這和學習語文的道理是一樣的。學習100個讚美的詞彙，也是一種增進表現力的方法。

創造多元的人際關係

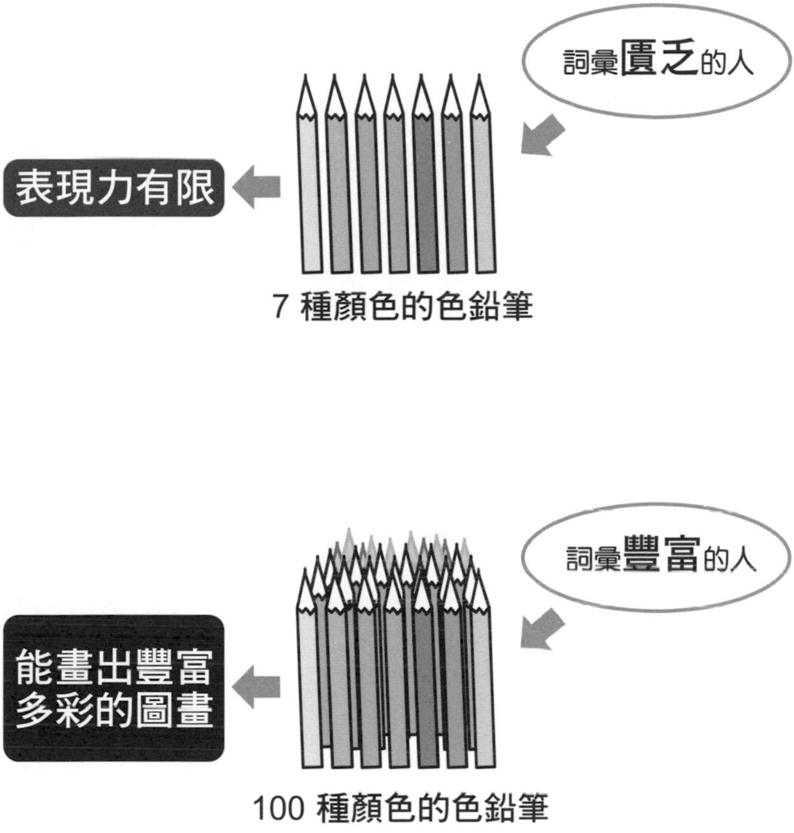
詞彙匱乏的人
表現力有限
7 種顏色的色鉛筆
詞彙豐富的人
能畫出豐富多彩的圖畫
100 種顏色的色鉛筆

隨時吸收新知，懂的知識和詞彙（色鉛筆顏色）越多，表現力就越豐富。

22 適時「閉嘴」，結局比你想的更完美

◎進退有度，更有機會說服別人

很多教導說話技巧的書都會提到**「迴力鏢效果」**（boomerang），也就是將對手的相反論點，像迴力鏢一樣再丟回給對方的溝通技巧。例如，客戶說：「這東西好貴喔！」就可以反推回去：「是啊！正因為貴，所以品質有保證啊！」不過，近來有一項研究證明「迴力鏢作用會招致反效果」。

東卡羅萊納州立大學的萊德・克拉克史東博士所率領的研究小組，曾針對242名物流業與製造業的銷售員，調查他們常用的銷售技巧及效果。

結果發現，使用迴力鏢效果的銷售人員，業績反而比較差。雖然極力游說顧客，讓他認同你的想法是一種推銷方法，但也有可能會讓對方心生厭煩，反倒吃閉門羹。**懂得適時收尾，才能展現誠意，而且還能創造「下一次」交談的機會。**

◎見面三分情，有事好商量

一旦覺得勸說行不通就要適時收手，等過了一段時間再努力嘗試。如此反覆操作，對方就會逐漸對你產生好感。

這在心理學上稱為「單純接觸效果」。**彼此接觸的次數（見面次數）越多，就越能縮短內心的距離，產生好感。**讓對方不知不覺地對你產生好感，也是一記高招的暗示技巧。

「未完，待續」創造下一次機會

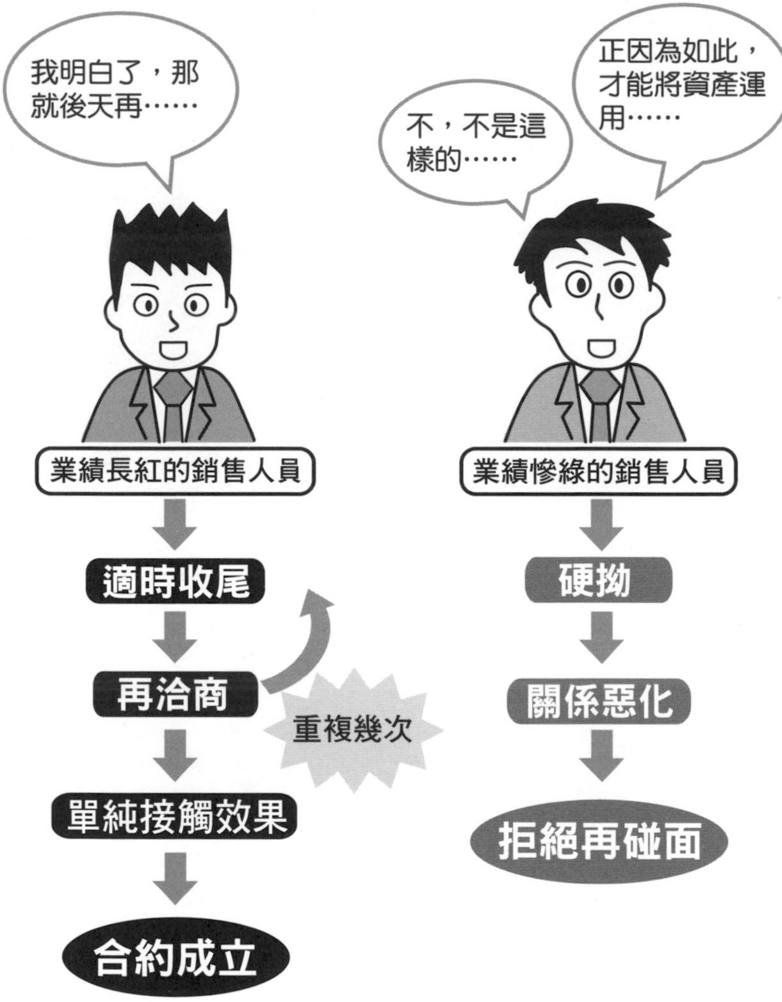

溝通時千萬別硬拗，懂得適時收尾，才能贏得對方的信賴。

23 讚美「過程」比「結果」更有效

◎別吝嗇說：「你表現得很好喔！」

讚美別人可說是一門大學問。讚美上司，會被批評「拍馬屁」；誇獎部屬，又會被說是「諂媚」。在此要介紹一個實用的訣竅。

華盛頓大學心理學家，法蘭克．斯莫爾曾進行一項實驗。由8位教練負責訓練一支少棒隊，賽季結束後計算比賽勝率，發現教練在過程中不斷讚美孩子們「很努力」的這一組，勝率高達52.2%。

反觀教練在過程中從沒讚美過孩子的這一組，勝率只有46.2%。而且不斷受到鼓勵的選手們也比較有自信。重點就在於「讚美努力的過程」。如果只讚美「比賽結果大勝」，或是擊出全壘打，就只能講一次。**若是讚美努力的過程，那就不限次數，要說幾次都行。**

◎讚美「過程」可以「人人有獎」

同樣的道理也能應用在職場上，比起讚美「結果」，不如讚美對方「努力的過程」。這麼一來，**就算表現再怎麼差的部屬，好歹也有一次被讚美的機會，而且每天要讚美幾次都行。**

對於表現不太積極的部屬，只要跟對方說：「你很努力哦！」就會激起對方「非得努力」的衝勁。就算對方謙虛回應：「沒這回事啦！」也不妨再次讚美：「是真的，真的很厲害呢！」這樣不僅能讓部屬充滿自信，工作也能更有效率。

如何讚美他人？

非常好，就照這情形繼續努力吧！
你表現得很好，很努力呢！
真是一記漂亮的全壘打！
這次贏得真是漂亮！

讚美「過程」很努力的教練

↓

要讚美幾次都行！

讚美「結果」很好的教練

↓

只能讚美一次

若只是誇獎他人努力的結果，不管是次數，還是場合都有所限制。

暗示心理學的小提醒

「一點點誇張的表情」很重要

大家都知道「傾聽」很重要。所以有些人會提醒自己傾聽時，要適時附和對方的說法。不過有項重要的傾聽技巧卻常被忽略，那就是「表情」。

一般人交談時，會從彼此的話語、聲音、表情、以及動作等，判斷「共鳴程度」。就算懂得適時附和「原來如此啊！」之類的句子，**但若是面無表情或是露出不耐的態度，對方便會察覺你在敷衍了事，也就不會敞開心房，與你暢談了。**

因此，記得在傾聽他人說話時，臉上的表情「可以稍微誇張一點」。不只臉上要掛著笑容，**建議還可以挑挑眉毛，張大眼睛、咬唇、皺眉、或是用力點頭**，如此一來，即使不用開口說話，也能透過豐富的表情傳達你的情緒。

不過，人的表情也不是那麼容易操控的，所以稍微誇張一點點就行了，不必太過火。

第4章
職場帶人，也要懂得「暗示的技術」！

多數主管都會煩惱「帶人」這件事。
尤其「草莓族」開始投入職場之後，
「如何帶人」便成了一門重要的職場課題。
本章將介紹如何帶領員工的暗示技巧。

24 用「問句」取代「命令」

◎用確認的口氣，更能誘導部屬

相信不少主管都不知該如何帶領年輕的部屬，稍有責備，他們就會不高興，乾脆撒手不理。還會厭惡主管，甚至一聲不吭地遞辭呈。主管要如何帶人，的確是個棘手的難題。只能說，以往那種熱血型主管早就「落伍」了。

我的建議是要求部屬時，**不妨試著將「命令」的語氣改成「確認」的語氣。**

例如，將「那份報告書明天之前一定要做好！」，改成「那份報告書明天之前可以做好嗎？」再舉幾個例子：

■ **命令**

×「趕快處理好這件工作！」

×「今晚一定要處理好哦！」

× 「快去說對不起！」

■ **確認**

○ 「你大概要花多少時間做好呢？」

○ 「今晚可以處理好嗎？」

○ 「是不是去道個歉比較好？」

◎讓部屬覺得一切「操之在己」

雖然這種手法叫做「確認法」，但只要這樣變化詞語，便能給人委婉的感覺。而且採取疑問句的形式，**也會讓員工覺得「選擇權在於自己」，比較不會有被強迫的感覺。**

不過有一點要注意，那就是**「避免反覆確認好幾次」**，否則只會變成討人厭的上司。

這樣做就不會惹人嫌！

✕ 命令　「趕快完成這份報告！」
↓
○ 確認　「對了，那份報告完成了嗎？」

✕ 命令　「今晚一定要處理好哦！」
↓
○ 確認　「今晚可以處理好嗎？」

✕ 命令　「那份企劃書很急耶！」
↓
○ 確認　「那份企劃書應該很急吧？」

✕ 命令　「這個禮拜天要加班哦！」
↓
○ 確認　「這個禮拜天，你可以加班嗎？」

✕ 命令　「去道歉！」
↓
○ 確認　「是不是去道個歉比較好？」

只要將「命令句」改成「疑問句」，就不會帶給員工咄咄逼人的壓迫感。

25 必要時，你得擺出主管架勢

◎最好的態度就是「平常很溫和，一旦被惹毛就很可怕」

身為主管最怕被部屬看扁。學校老師也是，一旦被學生瞧不起，就很難再樹立威望。但若動不動就發火，也會被討厭，更無法讓員工或學生心甘情願地跟隨。所以最好的態度就是「平常很溫和，一旦被惹毛就很可怕」。

阿姆斯特丹大學心理學家，葛貝・馮克利夫曾進行一項實驗。他將實驗者分為「賣手機的人」和「買手機的人」，然後讓他們進行交涉。

扮演「買手機」一方的受實驗者，還要扮演「會發飆的顧客」以及「不會發飆的顧客」。結果發現，**會生氣的顧客在進行交易時，明顯比較佔上風**。俗話說：「老虎不發威，把我當病貓。」身為主管還是要適時擺出主管的架勢，才會被下屬尊重。

◎維護上位者該有的威嚴

不過倒也不必真的發火，只要裝裝樣子就行了。畢竟平常脾氣好的人，一旦發火，周遭的人肯定很驚訝，根本不會去想是不是裝出來的。

一派好好先生樣，只會讓部屬騎到自己頭上，影響別人對你的評價。因此，想要收服人心，就得恩威並濟，但不需要每次都揮鞭子。只要讓對方曉得你的手上也有鞭子，就足以發揮嚇阻效果了。

讓部屬常保「敬畏之心」

↓

嚇阻部屬「下次不敢再惹主管生氣」

↓

部屬心甘情願地跟隨

讓部屬偶爾見識一下你發火的模樣，才不會被他們騎到頭上。

26 要「鼓勵」男同事，「協助」女同事

◎男女有別，帶領的方式不一樣

帶領部屬要特別注意「男女差異」。印第安納州賓賽斯大學的心理學家，查爾斯．馬克漢詢問多名男女對於「鼓勵性的話語」的渴求度。以滿分80來看，男性的渴求度為39.2，女性只有33.2。顯示**男性員工比女性員工更渴望得到溫暖的鼓勵言語。**

另外，根據加州大學葛雷．利威教授的研究顯示，「越有女人味的人」越渴求他人幫助。因此，不妨適時詢問女性部屬：「需要幫忙嗎？」積極地援助就對了。

對於男性部屬則可以多說些鼓勵的話，像是「加油哦！」、「你一定辦得到！」**但是千萬不要主動出手幫助他們，因為男性面對工作，本來就比較希望「得到別人的信賴」**。畢竟老是要上司出手援助，也會讓他們覺得自己很無能，反而失去工作的幹勁。

「好主管」這樣帶人！

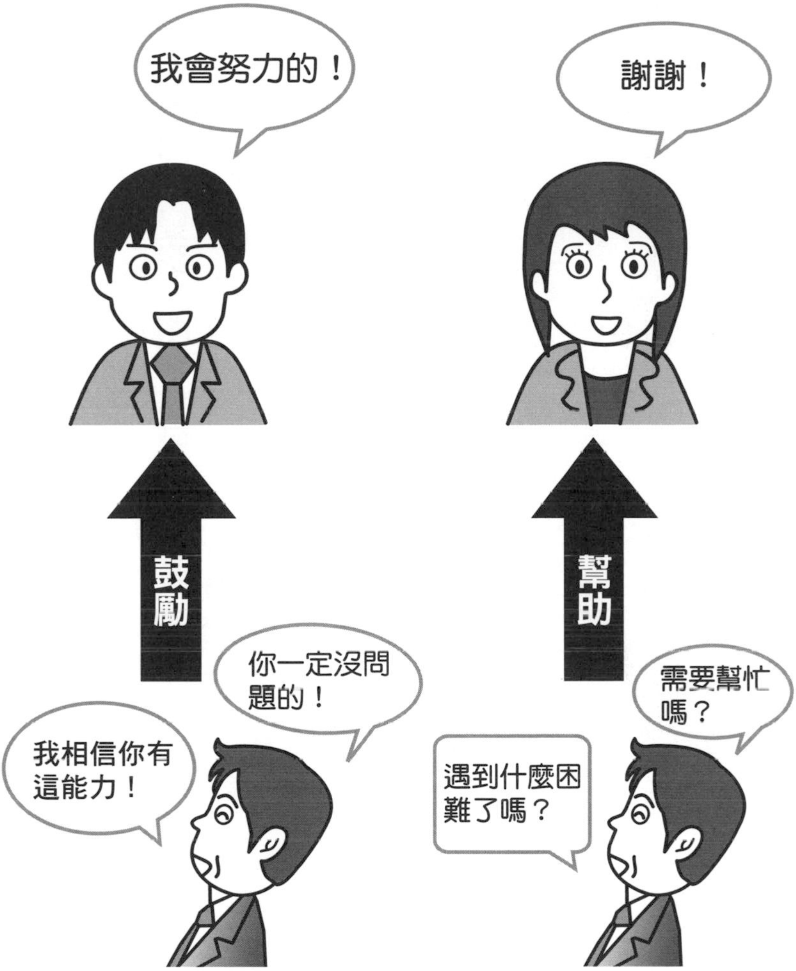

對男性給予「鼓勵」，對女性給予「援助」。

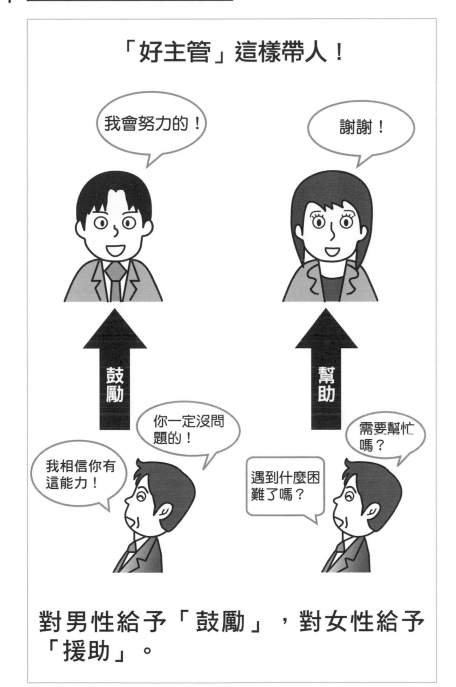

27 有技巧的「管理」勝過壓迫性的「監控」

◎偶爾也要睜一隻眼，閉一隻眼

日本許多辦公室格局為「大房間制」，直屬上司會看得到所有同仁。相反地，美國的辦公室則多設有隔板。就同事間溝通來說，大房間制較為妥當。**但就工作效率而言，處在不受他人（尤其是上司）視線干擾的狀態下工作會比較順利。**

賓夕凡尼亞州立大學的R．巴利教授觀察準備離開購物商場的200位駕駛，發現「有人在等車位」的駕駛需39.3秒才發車。而「沒有車子在等」的駕駛，則需32.15秒。

由此可見在他人緊盯下，人們會故意放慢動作，或是因為有壓力，動作反而不像平常那麼敏捷。因此，**想要提升整體生產力，最好避免監控部屬的一舉一動，**學會睜一隻眼，閉一隻眼就對了。想要提升員工士氣並做好管理職，必須注意「管理」，而不是「監控」，這一點很重要。

主管≠監視器，要懂得「放手」

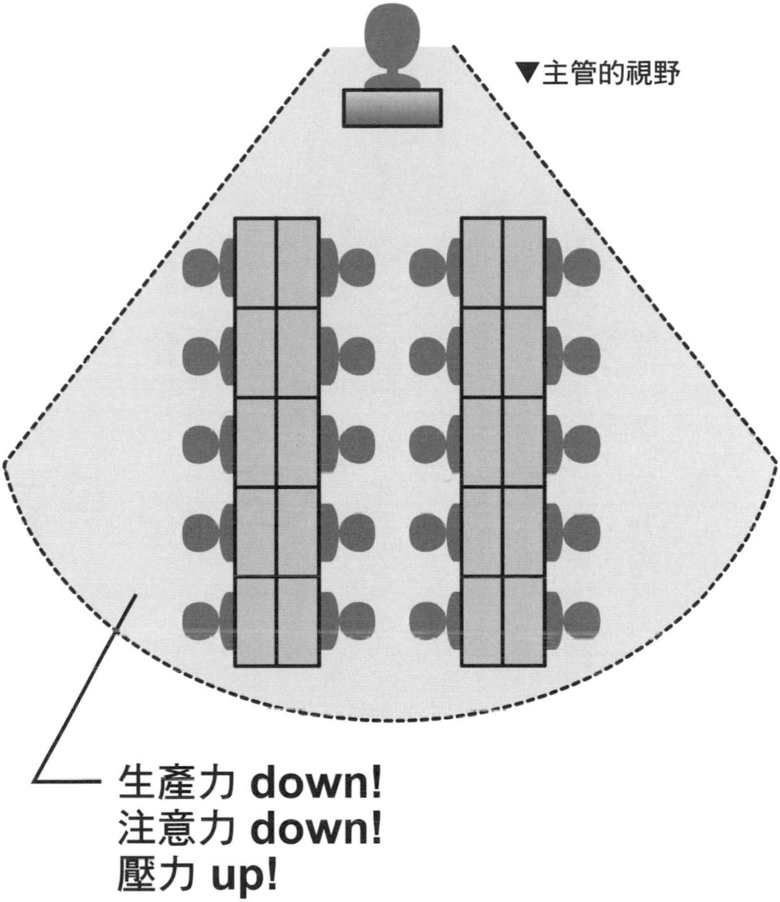
▼主管的視野
生產力 down!
注意力 down!
壓力 up!

辦公室格局若屬於開放式的大房間制，只會讓員工感覺被主管監控，反而會降低「注意力」與「生產力」。

28 活用「語氣」和「說法」，更能說服人

◎有時口氣不妨強硬一點

假設你試過很多方法戒菸卻總是無法成功，正打算放棄時，你覺得醫生的哪種勸告聽起來比較有說服力呢？

「你要是不馬上戒菸的話，就會賠上性命。」——消極

「要是戒菸，就能活得比較久哦！」——積極

前者所表現的消極面，在心理學上稱為「負面架構」；後者在心理學上稱為「正面架構」。光就說服的效果來說，**「負面架構」的說服效果明顯比較強。所以只要稍微改變一下語氣和說法，便能提升說服力。**但若老是使用比較負面的說話語氣，也會讓人心生恐懼。例如：

■消極說法（負面架構）

「老是吃甜食，會胖哦！」

「要是不多看報紙，腦袋會變笨哦！」

■積極說法（正面架構）

「少吃甜食，就會變瘦哦！」

「看報紙可以增長知識哦！」

◎視情況決定說法

雖然消極的說法給人比較強烈的印象，但積極的說法讓人聽起來更舒服。因此，**平常工作時可以運用積極說法；無論如何都想說服對方時，建議用消極說法**，善用兩種方法，效果更好。面對工作態度不佳的部屬，建議採取積極的說話語氣就對了。

善用「負面」語氣進行溝通

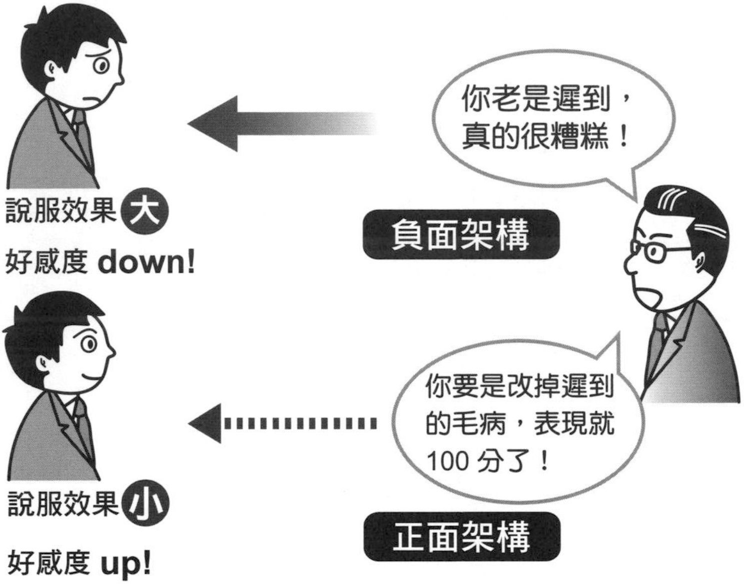
你老是遲到，
真的很糟糕！
說服效果大
好感度 down!
負面架構
你要是改掉遲到
的毛病，表現就
100 分了！
說服效果小
好感度 up!
正面架構

活用「負面架構」與「正向架構」，因應各種情況。

◎利用人性的恐懼，達到廣告效益

賓州大學伊利校區的心理學家，梅利・賓頓曾對美國 24 本熱門雜誌（富比士、News Week、Vogue等）內的 3 千則廣告進行分析。發現其中有 43% 的廣告會使用「煽動人們心中恐懼」的手法。也就是說，廣告傳達的訊息多是：「再這樣下去會胖哦！」、「這樣會生病哦！」、「這樣會變得很沒異性緣哦！」等，勾起人們內心的恐懼。

由此可見，**連廣告業界也經常運用所謂的「恐懼說服效果」，藉此達到說服大眾的目的。**

29 滿口大道理，不如做給他看

◎如何讓部屬對你「心悅誠服」？

當你被別人說教時，是否會在心裡大喊：「那你自己來做做看啊！」其實這種心態從心理學剖析，是一種很正常的反應。

阿姆斯特丹大學的馮．丹．普特教授，曾將巧克力廣告分成幾種類型，比較哪一種廣告手法的說服力最高。研究結果發現，訴諸大眾的廣告手法：「大家都愛吃這個巧克力」，好感度只有8％。

訴諸優點的廣告手法：「這個巧克力很好吃哦！」，好感度也只有19％。最有效的廣告手法是，**不需要任何說服的言詞，只要秀出大口吃巧克力的樣子就行了。好感度高達42％。**

◎主管要「身體力行」

由此可見，若想促使別人行動，「以身作則」是最有效的方法。例如，主管比部屬早一點進辦公室。這麼一來，老是遲到的員工也會想辦法早起，改掉遲到的壞習慣。

對身為管理階級的主管來說，最困難的事就是如何與年輕世代的部屬相處。**有時候主動與他們聊聊，讓他們見識一下主管的氣勢，就容易抓住部屬的心。**因為員工會向上司看齊。

所以真正有效的說服力，不是動動嘴巴就好，而是訴諸「行動」。

用說的，不如用做的

巧克力廣告的促銷手法

廣告 3

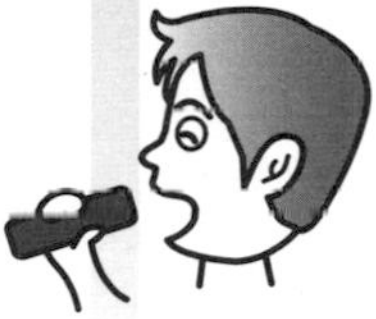

吃巧克力的模樣

好感度
42%

廣告 2

「這個巧克力很好吃哦！」

訴諸優點

好感度
19%

廣告 1

「大家都愛吃這個巧克力」

訴諸大眾

好感度
8%

直接以「吃巧克力」的模樣當宣傳，比起任何廣告文宣或策略，來得有說服力。

30 「你沒問題的！」給部屬自信的暗示法

◎常說：「你一定也沒問題！」，讓部屬發揮實力

亞利桑納州立大學的蘇珊・彼得森教授，針對212名學生進行一項實驗，將拆開來的英文字母，隨意組合成單字。例如「A、C、T」這組字母，可以拼成「CAT」這個單字。而其中有一題是要用14個字母拼成一個單字，對學生們來說很困難。這時，彼得森會事先給受驗者一些暗示：

「我拿同樣的題目給別人做，大部分的人都能解答，你一定也沒問題。」

於是，陸續有人順利解答問題。接著彼得森再給受驗者們完全相反的暗示：

「我拿同樣的題目給別人做，大部分的人都答不出來，我想你大概也沒辦法吧！總之你就做做看吧！」

結果大部分人都答不出來。也就是說，**我們因為受到加分的暗示，覺得「自己應該也做得到」，因此實際上成功的比率也很高**。這道理應用在工作上，又會有什麼效果呢？

◎用加分暗示鼓勵部屬

首先，讓缺乏自信的部屬給自己「負分暗示」，然後將負分暗示改變成加分暗示：「大家都做得到，你也沒問題！」部屬便能展現比以往更好的能力。**暗示的關鍵語就是：「大家都做得到」、「無論是誰都做得到」。**

「高期許」使人付出更多努力

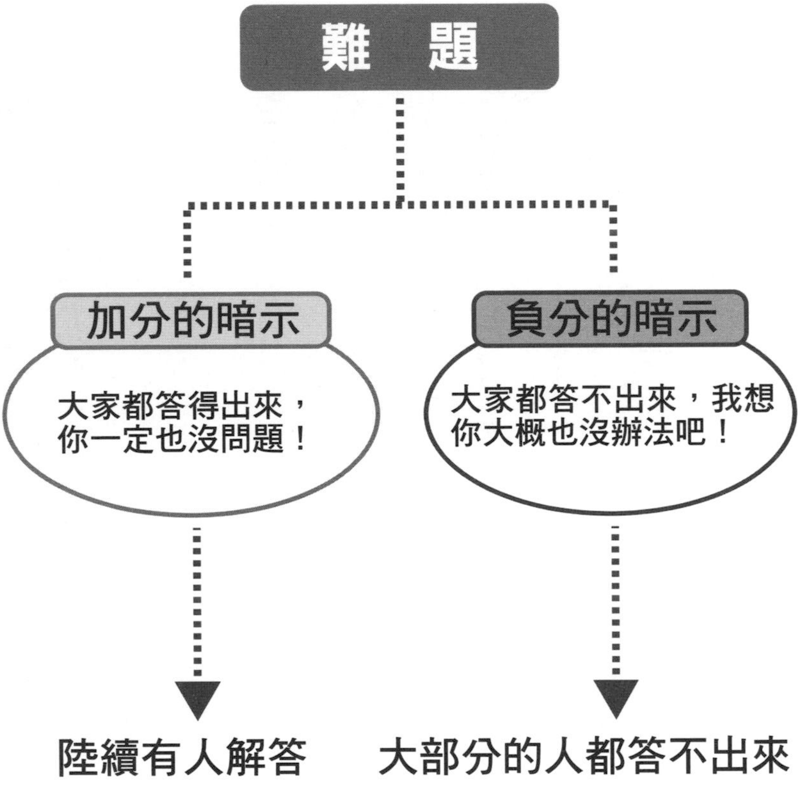

「大家都辦得到」、「你一定也行」藉由加分的暗示，成功克服難題。

31 「最晚何時可以完成？」是一種進度暗示

◎把命令變成「約定」，讓部屬自訂「最後底限」

要求工作老是慢半拍的部屬按照進度作業，是一件很困難的事。如果直接詢問，應該也只能得到這樣的回應：「下週會按照進度，如期呈交」。

加拿大西蒙菲沙大學的心理學家羅傑．鮑拉，曾進行一項實驗。他先問學生：「寫一篇關於○○題目的論文，大約幾天可以完成？」於是得到平均33.9天的答案。接著要求他們實際撰寫，結果平均花費55.5天完成。比預定日期足足多了20幾天。**因為學生們總覺得：「以自己的能力，應該花這樣的天數就能完成」，小看了寫論文這件事的關係。**

於是，鮑拉教授又提出另一個問題：「要是有突發狀況，大概幾天可以完成？」結果得到平均48.6天的答案。雖然比預定日期晚兩個禮拜，但誤差明顯縮小。

◎要求「預備方案」也是暗示的手段

從前述實驗可知，不管是和部屬還是客戶，約定重要的呈交日期時，最好再多問一個問題：「最晚什麼時候可以完成呢？」這是比較保險的做法。

而且像這樣主動提出「最後底限」，對方也只能極力遵守，不會破壞自己承諾的約定。這也是一種心理誘導。

「最壞的打算」能得到「好結果」

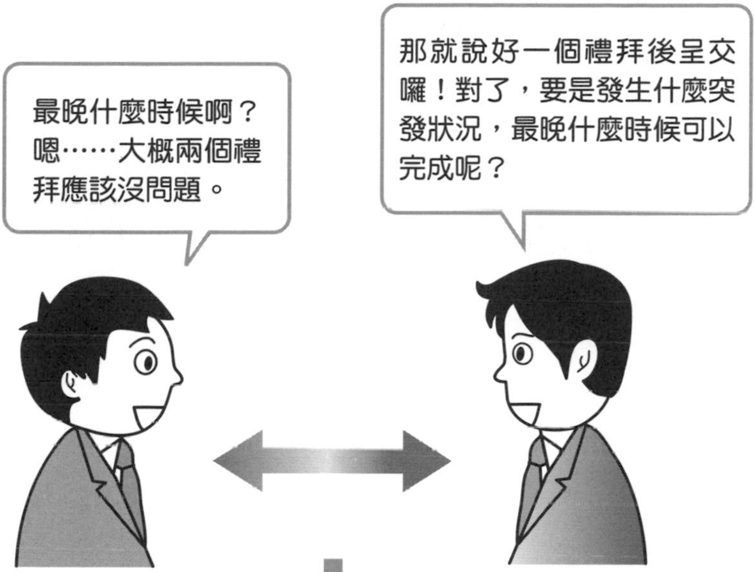
最晚什麼時候啊？嗯……大概兩個禮拜應該沒問題。
那就說好一個禮拜後呈交囉！對了，要是發生什麼突發狀況，最晚什麼時候可以完成呢？

第一次約定

一個禮拜後

第二次約定

兩個禮拜後 ⇨ 為求保險起見，要先訂出兩個禮拜後的工作排程

每件事情都要訂出「最後底限」，最好根據「一般情形」與「最壞情形」訂出兩個完成日期。

暗示心理學的小提醒

最為人詬病的態度與口頭禪

明明什麼事都沒做，卻總是惹人嫌、沒什麼人緣，同事和主管都不想跟你親近熱絡，這表示**你的態度或肢體語言出現問題，必須想辦法改進。**請仔細觀察自己有沒有以下的行為呢？

- **老是摸頭髮。**
- **與人交談時，習慣雙手交臂。**
- **習慣遮著嘴說話。**
- **說話時，下巴習慣抬高約 30 度。**
- **目露凶光。**

或是有一些不得體的口頭禪。

- **用不耐煩的口氣頻頻說：「是的、是的。」**
- **回應時只說：「嗯。」**
- **習慣說些無意義的語助詞，例如「就是啊！」**
- **說話 3 句不離「於是」、「之類」等字眼。**
- **習慣打斷別人說話。**

這些態度和言詞**若只出現一、兩次是無傷大雅的，可是如果一直沒察覺，久而久之就會變成壞習慣**。當你發現自己有這樣的毛病時，已經成為別人的眼中釘了。而且就是因為不易察覺，所以這些壞習慣很難改掉。若是有出現以上行為的人，一定要注意避免並加以改進。

第5章

瞬間有效 將「暗示」巧妙藏在對話裡！

最能有效運用暗示技巧的場合，就是與人對話的時候。

人們透過對話交換各種情報，

只要學會將「暗示」巧妙隱藏在對話裡，

無論是在工作還是人際關係上，

都有加分的效果。

32 配合對方的說話速度，能快能慢

◎節奏一樣的人，容易產生好感

水上芭蕾是一種「需要配合彼此呼吸節奏的表演」。所以才會用**「同調」**（synchronize）這個字眼來命名吧！而且有趣的是，當我們和別人呼吸一致時，連心情都能達到協調狀態，心理學上稱為「同步（pacing）」技巧。

所謂「同步」就是一種講求「速度、步調」的技巧。例如，**面對說話速度比較快的人，說話速度也可以跟著調快一點；面對說話速度比較慢的人，步調就可以放慢些。**

除了說話速度之外，其他像是表情、肢體動作等溝通方式，都可以配合對方的步調來調整。不過即使是專業的心理諮商師，也不可能做到完全配合的狀態，做不好反而會使注意力不集中。建議不妨先從「同步呼吸」開始。

◎產生微妙認同的第一步：呼吸

只要觀察對方的胸口起伏，就能知道他的呼吸速度。然後與對方一起吸氣、吐氣，慢慢地，身體的節奏也會自然而然達到同步狀態。

當彼此達到同步狀態時，就能產生共鳴，敞開心房溝通。**而且對方不但絲毫不會察覺，還會不知不覺對你產生「好感」。**這樣更能有效破除心防，引導出對方內心真正的想法。

「同步呼吸」讓心靈更相通

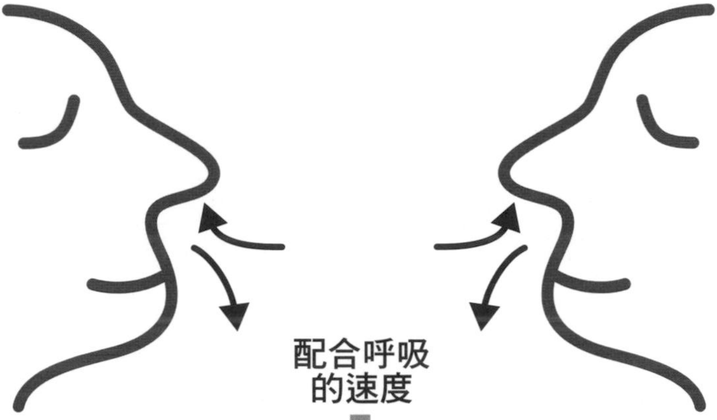

↓

身體的節奏自然同調
（如說話速度、表情等）

↓

破除對方的心防

配合對方呼吸速度，能讓身體的節奏達到同步狀態，對方自然敞開心房。

33「一邊聽、一邊問」，才是好聽眾

◎「傾聽」是一種主動出擊的行為

我們都知道溝通時要「當個好聽眾」。可惜市面上大部分談論溝通技巧的書，並沒有關於「如何當個好聽眾」的建議。其實「傾聽」並不等於「沉默」。**傾聽並非「默默接受」的行為，而是「主動出擊」的行為。**也就是先主動提出話題，然後引導對方說出想說的話，再給予肯定的附和，像是：「然後呢？」、「好厲害喔！」、「後來你哥哥怎麼說？」等，表示自己對這話題很感興趣，氣氛自然會變熱絡。

這種傾聽方式在心理學上叫做**「積極的傾聽」**（active listening），即以訪談的方式引出對方想說的話題。只要學會這一招，不但能讓你無形中主導話題，連帶地人際關係也會變得更好。

◎主動發問，溝通零障礙

任職於美國印第安那州技術研究中心的V・N・金利學者，曾針對4百多名男女，進行一項關於溝通與提問能力的調查。結果發現，**溝通能力越好的人，與人對話時提問的次數也越多。**

而且對自己越有自信的人，提問能力也越強。之所以越有自信，是因為溝通能力提升的緣故。所以光是被動地當個好聽眾，並非好的溝通方式，**學會當個「主動發問」的傾聽者，溝通時才會零障礙。**總之，千萬不要誤解「當個好聽眾」這句話的意思。

當個積極的傾聽者

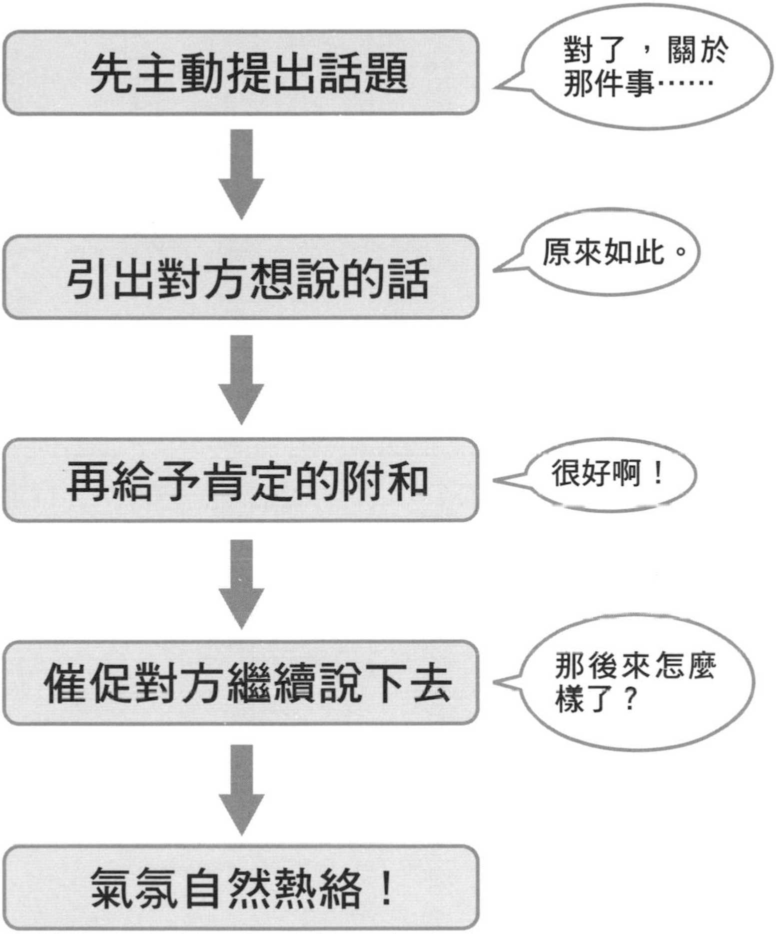

不要光是「被動地傾聽」，也要適時「主動地提問」。

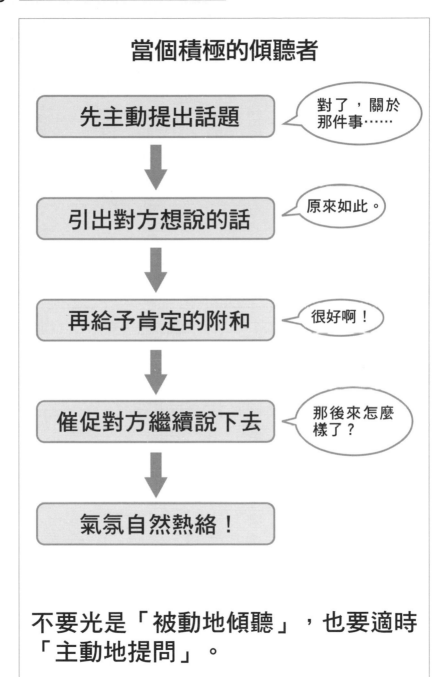

34 千萬不要從頭「嗯」到尾

用「肯定句」附和對方，溝通更順利

「附和對方」也是溝通時的一項重點。而且附和的方式有優劣之分。

北卡羅萊納大學的卻斯塔．因斯克博士曾隨機抽選175名學生，2個人一組討論有線電視台費用的議題，其中一位負責附和另一人，而且必須經常變換附和的詞彙，然後調查受驗者對負責附和的人有何觀感。結果發現比起從頭「嗯」到尾，適時善意地回應：「很好啊！」給人的印象較佳。

只要變換一下附和的詞彙，例如：「原來如此」、「很有趣耶」、「好厲害喔」、「真的嗎」等，給對方肯定的回應，就是最好的附和方式。

不妨適時在對話裡加些這樣的訊息，像是「你說話好有趣喔」、「跟你聊天好開心喔」，就算只是隨聲附和也無傷大雅。

回應太簡短，可能造成誤會

肯定對方的附和方式	漫不經心的附和方式
○	×
↓	↓
傳達「很感興趣」的訊息	傳達「沒什麼興趣」的訊息

一句簡短的回應，其實隱藏著各種訊息，所以一定要注意附和的方式，避免傳遞錯誤的訊息。

35 只要改變問話角度，答案就會不一樣

◎別問「你討厭○○嗎？」，要問「你喜歡○○嗎？」

進行心理學的相關實驗時，大多會採取問卷式的提問方法，而且進行問答時，嚴禁使用一種稱為「wording」（選擇性措詞）的手法。因為用這種手法提問，能輕而易舉地誘導對方說出自己想要的答案。

任教於芝加哥洛約拉大學的心理學家艾德溫．葛洛斯，曾針對175位市民進行以下的訪談。

他先拿出一枝原子筆，詢問半數受訪者：**「你喜歡這枝原子筆的什麼地方？」結果36.1％的市民給予善意的回應。**接著再詢問另一半受訪者：「你討厭這枝原子筆的什麼地方？」結果僅有15.6％的市民給予善意的回應。

結果證明，想要得到善意的回應其實一點都不難，只要改變問法就行了。但這

方法並不適用於調查政黨支持率之類的調查報告，因為得到的結果勢必有很大的誤差。不過這個技巧倒是非常適用在職場與人際交往方面。

◎不給對方拒絕的機會

如果不想讓對方拒絕你、或是希望得到正面的回覆，你可以這麼問：

「雖然大致已經確定採用A方案，但你覺得如何呢？」

「我只是想再確認一下，你下個月出差一事，應該沒問題吧？」

這麼一來，你就能得到善意回應，也就不會讓自己碰一鼻子灰了。如果希望對方撥出時間幫你的忙，你也可以試著這麼問：「你認為加班有什麼好處？」相信對方一定會很難拒絕加班的要求。

試著改變「問題的切入點」

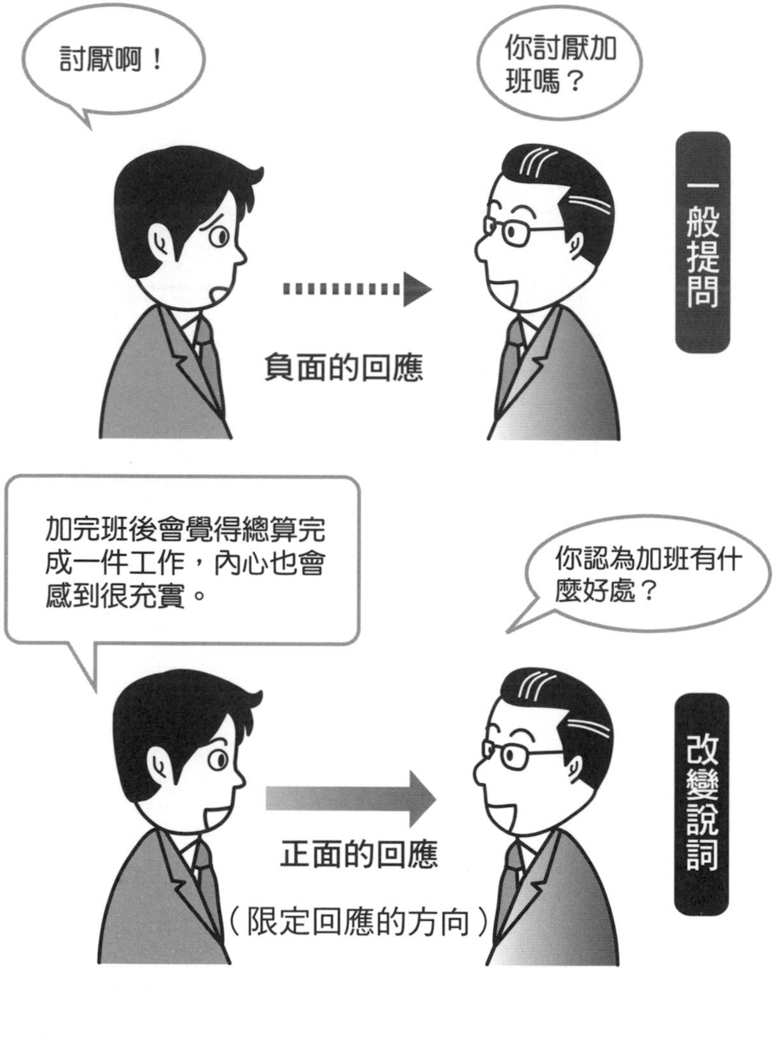

只要改變提問的角度，就能得到不同的回應。

36 活用「脈絡」暗示，輕鬆炒熱氣氛

◎從對方的興趣下手，迅速降低戒心

有一招典型又有效的暗示技巧：**只要從對方感興趣的話題切入，便能拉近彼此的距離，炒熱談話氣氛。**紐約大學心理學家葛雷尼・費茲賽蒙斯，針對在機場候機的乘客進行以下實驗。

他先表明自己正在進行一項關於心理學的調查，然後詢問其中半數乘客：

「可以聊聊你和好朋友之間的事嗎？」

接著又詢問另外一半乘客：「可以聊聊你和同事之間的事嗎？」

訪談結束後，葛雷尼又問了受訪者一個問題：「還有一個問題可能要花點時間回答，請問你願意回答嗎？」結果發現高達52.9%的受訪者，願意回答「關於朋友」的問題，只有18.8%的受訪者願意回答「關於同事」的問題。

調查有此結果，其實道理很簡單，當一個人聊到自己的好朋友時，不但會心情愉快地表示：「**我想多聊聊關於好朋友的事，所以很樂意回答你的問題**」，也會對提問者抱持好感。像這樣被前後文左右判斷的情況，就稱為**「脈絡效果」**。

◎投其所好，開啟話題一點都不難

所以從「對方感興趣的話題」切入，便能輕鬆地炒熱談話氣氛。無論是他的好朋友還是喜歡吃的食物，找個能讓對方心情愉快的話題切入就對了。

等對方越聊越興奮時，再逐步加入自己想說的話或意見。這麼一來，對方就會順著你的話來回應，迅速拉近彼此的距離。

炒熱氣氛，主動出擊

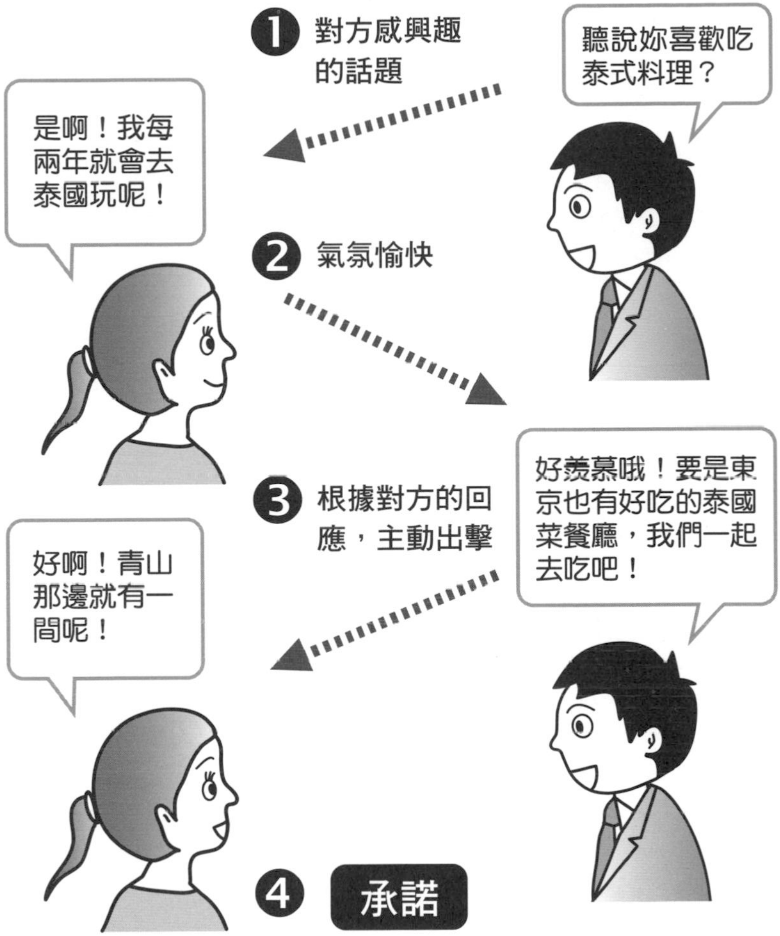
❶ 對方感興趣的話題
聽說妳喜歡吃泰式料理？
是啊！我每兩年就會去泰國玩呢！
❷ 氣氛愉快
❸ 根據對方的回應，主動出擊
好羨慕哦！要是東京也有好吃的泰國菜餐廳，我們一起去吃吧！
好啊！青山那邊就有一間呢！
❹ 承諾

趁對方聊得興高采烈時，提出邀約就對了。

37 用「你」開頭，是讓對方認錯的暗示高招

◎吵贏對方的訣竅：別常說「我……」，要說「你……」

有一招暗示訣竅可以讓你在吵架時輕鬆吵贏對方。那就是將主詞的「我」換成「你」。一般以「我」作為主詞的溝通方式稱為「I communication」；以「你」當作主詞的溝通方式則稱為「You communication」。

威斯康辛大學心理學家，詹姆斯．迪拉德曾找來51對夫婦（平均結婚7.8年），進行一場夫妻吵架的模擬實驗。結果發現主詞用「你」的吵贏比率，竟然比用「我」來得高。所以，如果**想要吵贏對方應該要說：「都是你不讓我〇〇」，而不是說：「我想要〇〇」**。

附帶一提，通常女性吵贏的比率高於男性，男性則是以「外在因素」，像是使用公司、上司等第三者作為主詞時，吵贏的比率較高。

◎「我」和「你」的差別

大部分使用主詞「我」進行溝通的情況是為了主張「自己的要求」，像是自己想做什麼，自己希望什麼，這是自己的做法等。

相反地，**使用主詞「你」進行溝通的情況多是責備「對方的過錯」**，例如：「都是你沒有做好這個」、「都是你做了那麼過分的事」、「你根本完全不懂」等，藉以堵住對方的嘴，讓對方無從辯駁。

當然也不能經常使用「你」與人對話，建議習慣使用「我」進行溝通的讀者們，有時不妨改變一下主詞吧！

吵架時用「You」開頭，勝率大增！

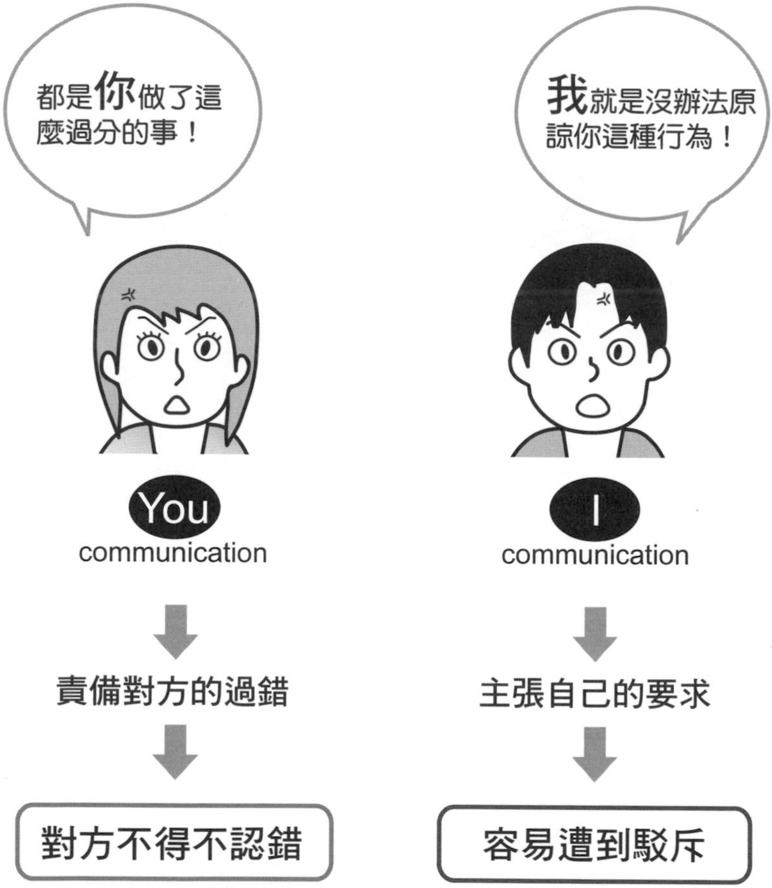
都是你做了這麼過分的事！
You communication
責備對方的過錯
對方不得不認錯
我就是沒辦法原諒你這種行為！
I communication
主張自己的要求
容易遭到駁斥

溝通時，記得改變主詞用「你」開頭，不但能責備對方的過錯，還能迫使對方不得不認錯。

38 戲劇張力，決定話題的吸引力

◎說道理，不如說故事

「有趣話題」與「無趣話題」之間有哪些差別呢？口才好與口才拙劣之人又是從哪些地方來評斷？是以「話題內容幽默與否」來論斷嗎？事實上並非如此，有些人即使在談話中夾雜許多無聊的笑話，也還是無趣的話題。

話題內容是否有趣，取決於有沒有「戲劇張力」。加拿大蒙特婁管理學院的傑巴德博士，曾對學生展示兩種防治愛滋與瘧疾的「宣導」方式。

一種是採「授課形式」的普通宣導手法。另一種則是以「短片」宣導，實驗結果發現，比起正經八百的授課形式，宣導短片的效果顯然較有共鳴，效果更好。

尤其當聽眾對主題一點興趣也沒有時，這兩種方式的效果差異更明顯，這種情況在心理學上稱為「戲劇張力效果」。

◎好演說可以引人入勝

如果你發現自己說話時，大家總是興趣缺缺，擺出「不太想聽」、「講話好無趣喔」的表情時，代表你的說話內容缺乏戲劇張力。

口才很好的演講者說話時一定會有起承轉合，而且還帶有故事性，不會長篇大論地列舉一大堆事實佐證。**帶點戲劇張力的陳述更有吸引力，就算是對方不感興趣的話題，也會不知不覺地被吸引，進而產生共鳴。**這表示生動的故事才具有勾起聽眾興趣的「吸引力」。

講話「有戲」，別人才想聽

於是德川家康便起了想成立江戶幕府的念頭！
江戶幕府於1603 年成立。
充滿戲劇張力
缺乏戲劇張力
是喔！然後呢？
原來如此！
……

無論是多麼無趣的話題，只要注入一些戲劇張力與故事性，便成了吸引人的有趣話題。

39 借用名人的話，建立權威感

◎「名人佳句」最具說服力，記得正確引用

想讓說出的話更具說服力，「引經據典」是在溝通時不可或缺的訣竅，例如：

「就像彼得．杜拉克所說的，所謂領導者就應該……」

「這句話是賈伯斯的名言，他創立蘋果時……」

「根據愛因斯坦的說法，常識指的就是……」

像這樣只要引用某位名人說過的話，別人就會覺得這句話頗具「權威感」，也會感覺引用這句話的你很有權威感，這在心理學上稱為「權威效果」。

在德克薩斯大學研究廣告學的帕梅拉．赫曼，以234名大學生為實驗對象，進行一項廣告研究。

◎名人可以加分，但領域各有不同

赫曼先拍一支關於保養品的廣品，然後準備兩類專家推薦的廣告詞，一種是「會計師」的推薦詞，另一種則是「美容專家」的推薦詞。實驗結果發現，美容專家推薦的廣告顯然說服力比較高。

雖然會計師也頗具權威性，但專業領域不同。也就是說，**活用權威效果時，一定要盡量引用適合談話內容的人物**，好比談論的明明是關於商業的話題，卻引用運動選手的名言，引喻失當，效果勢必打折扣。

我也會在自己的著作中大量地引經據典，而且大部分是國外的論文，因為有專業心理學報告背書，可以讓內容更具權威感。

說話引經據典，提升專業度

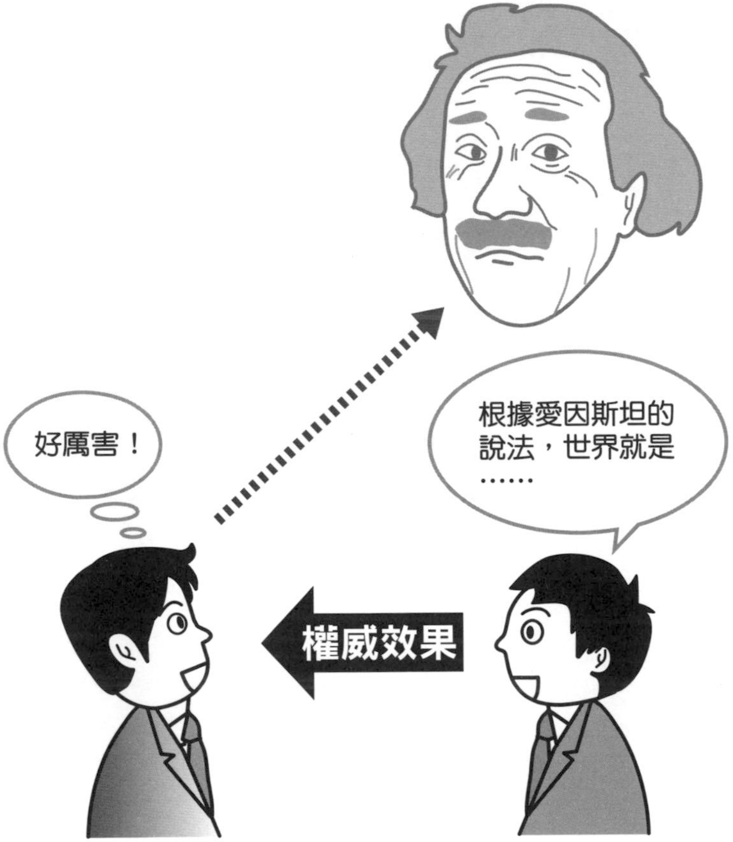

平時多蒐集名人佳句，並且在不同的狀況適當引用，能樹立自己的權威感，溝通時更具說服力。

40 多用譬喻性說詞，更清楚易懂

◎「比喻」能讓對方接受你的看法

有時向別人說明一件事時，不必解釋到對方完全理解，只要他能「大致了解」到能夠接受的程度就行了。那麼，要如何說明才能讓對方「大致清楚」呢？「比喻」可說是最有效的方法。

例如解釋「心理諮商師」這項職業，**只要說明這是一項「類似心理醫生的工作」，用連小孩子都聽得懂的說詞，傳達微妙的差異就對了。**或是將「iPS細胞」這個專有名詞改稱為「萬能細胞」，就會明顯好懂多了。

伊利諾州大學心理學家，詹姆斯．馬克羅斯基曾進行過一項與比喻有關的實驗，他讓528名實驗者聽一場演講的錄音，一卷是加入很多比喻說明的內容，另一卷是完全沒用比喻說明的內容。

◎用「已知」連接「未知」

實驗結果發現，使用比喻說明的演講內容顯然非常清楚易懂，接受度也比較高。由此可見，**善用比喻不但能讓對方「容易了解」，也比較能夠接受你的看法。**

平時就要常練習，說話時多用比喻來陳述，像是：「也就是像○○這樣」、「總之，就是因為○○」、「就像○○」等等，改變說話的習慣。與人溝通時，不妨多舉些具體例子，這也是一招能讓對方容易理解、不易產生隔閡的訣竅。

用「比喻」簡化事情

醫學界現在很盛行關於 iPS 細胞的話題……
也就是萬能細胞。
萬能細胞啊！原來如此。
清楚易懂
容易接受

善於舉例不但能讓對方容易了解，也比較能夠接受你的看法。

平常多用「舉例」來陳述事情，常用「也就是像○○這樣」之類的說法，改變說話的習慣就對了。

記憶力與暗示技巧有關係？

你知道一天生活下來，人類究竟會忘掉多少發生過的事嗎？

正確答案是——至少會忘掉 95%以上。也許你會覺得這個數據很驚人，其實我們連以前曾經發生過的事，也會忘掉至少95%。以下介紹一項相關實驗。

亞利桑納大學心理學家，普雷奈德．雷納曾進行一項關於記憶力的實驗。首先，他讓實驗者記憶60個單字，然後更換其中幾個實驗者根本沒記住的單字，接著主觀地向實驗者確認：「這些單字很簡單，你應該記得住吧？」

實驗結果發現，一個禮拜後再次進行測試時，大多數學生會受到詢問者「主觀提示」的影響，比較記得住被替換過的單字。

由此可見，**我們的記憶是不可靠的，而且很容易被捏造。**當然這道理也適用於你我身上。究竟哪些記憶是真的？哪些記憶是捏造的？又有哪些記憶是被替換過的？恐怕連自己也搞不清楚。

雖然這說法聽起來很恐怖，卻是不爭的事實。

第6章

增加自信心的自我暗示技巧

對自己施行「暗示」，你可以更隨心所欲地
革除舊有的自我觀感，變得更喜歡自己。
本章介紹將「負面情緒」轉換成「正面力量」的訣竅，
送給想要改變自我的你。

41 貼標籤，就是一種負面的暗示

◎別給自己貼標籤

我想閱讀本書的讀者大部分都覺得自己是個「內向、做事不夠積極」的人。事實上根據調查顯示，約有八成的日本人都覺得「自己很內向，想法很消極」，這數字很驚人。但平心而論，你真的是個內向又消極的人嗎？

加拿大西安大略大學的隆．坎貝爾博士曾發表一項研究報告。人類只要彼此相處「20個月以上」，關係就會漸漸熟稔起來，連帶地說話口吻也會變得比較隨興，不拘小節。

在這段20個月的時間裡，人與人之間的相處還處於磨合階段。更何況面對初次見面的人，又怎麼可能一下就能打開話匣子，無所不談。**所以覺得自己內向木訥是一件很平常的事，不必過於在意。**

◎別給自己貼上「內向標籤」，輕鬆以對

和不熟識的人交談當然會很緊張。不過，如果老想著「我這麼緊張，大家都會覺得我很奇怪吧」，**如此在意別人的看法，覺得這是一件很不尋常的事情，只會搞得自己更緊張，無法沉穩地應付這種場合。**

由此可見，你會覺得自己內向，是因為你早已幫自己貼上「內向標籤」，如前面所介紹的貼標籤法則（詳見第20頁），在心裡先給自己一個負面暗示的緣故。

總之，別總是在事情發生之前，就先給自己貼上內向的標籤，這樣才能輕鬆面對各種狀況。

其實，你並不內向

給自己貼上負面標籤！

因為你在心裡早就覺得「我很容易緊張」是一件不好的事，才會給自己貼上負面的標籤。

42 健忘很好，才不會活在後悔裡

◎為什麼你優柔寡斷？是因為「放不下過去」

我想給那種遇到事情遲遲無法決定，個性優柔寡斷的人一個建議，**那就是「讓自己變得健忘」，別再回想過去的事。**這個建議乍聽之下似乎與優柔寡斷扯不上關係，其實不然，以下的研究結果可以證明。

芝加哥帝博大學的馬克・司貝達博士，曾針對215名大學生進行一項關於時間觀念的調查。先將所有學生分成兩種類型，一種是老想著以前種種，被過去束縛的「拘泥過往」之人；另一種是時常思考將來的「放眼未來」之人，然後分析他們的個性。

結果發現「拘泥過往」的人個性舉棋不定，遇到事情總拿不定主意、反反覆覆。根據司貝達博士的說法，老是想著過去的人，比較在意過往的失敗經驗，因此容易猶豫不決。

另一方面，「放眼未來」的人個性比較樂觀，凡事會往好處想，不鑽牛角尖，所以行事乾脆果斷。**就算失敗了，也會樂觀迎向未來，不會被挫折擊垮。**

◎個性樂天的人，都是容易健忘的人

一般人總認為「健忘」是個缺點。**其實「容易忘記」才不會老是活在後悔裡，個性自然會樂天知足。**

所以想變快樂請先建立「偶爾健忘也很好」這種觀點，承認自己容易忘東忘西，接著慢慢從拘泥過往的人，變成放眼未來的人。總之，樂天派一族的必要條件，就是先讓自己變得健忘吧！

「健忘」是一件好事

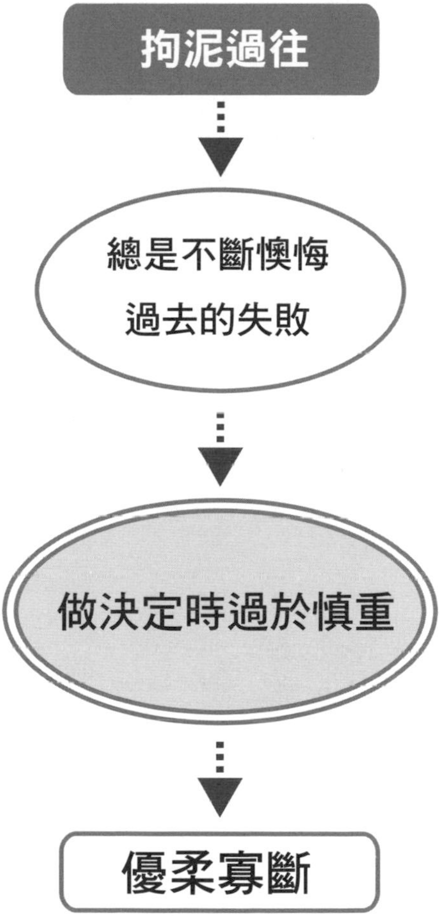
拘泥過往
總是不斷懊悔
過去的失敗
做決定時過於慎重
優柔寡斷

健忘的人不會被過去牽絆，自然懂得放眼未來。

43 和「每一天的自己」做比較

◎不是每個人都適合和別人競爭

近年來社會上奉行「結果主義」與「弱肉強食」的觀念，各國皆然。但是我並不認同。人能夠不用相互競爭是最好的，這樣就能過著沒有壓力的人生。

佛羅里達州羅林斯大學的約翰·休士頓博士曾針對來自日本、中國及美國的大學生，進行一項測驗，名為「與他人競爭是件令人興奮的事」。結果發現，日本人的競爭意識最薄弱，美國第一，中國第二。接著可以發現，鼓勵日本人努力競爭反而會讓他們備感壓力，說不定還因此失去自信心。

如果你覺得眼前沒有對手就提不起勁的話，那麼就跟自己比較吧！將「一個月前的自己」當作競爭對象。**千萬不要受到大環境的影響，勉強自己爭名逐利，找尋適合的生存之道，才能活出真正的自我。**

各國的競爭意識皆不同

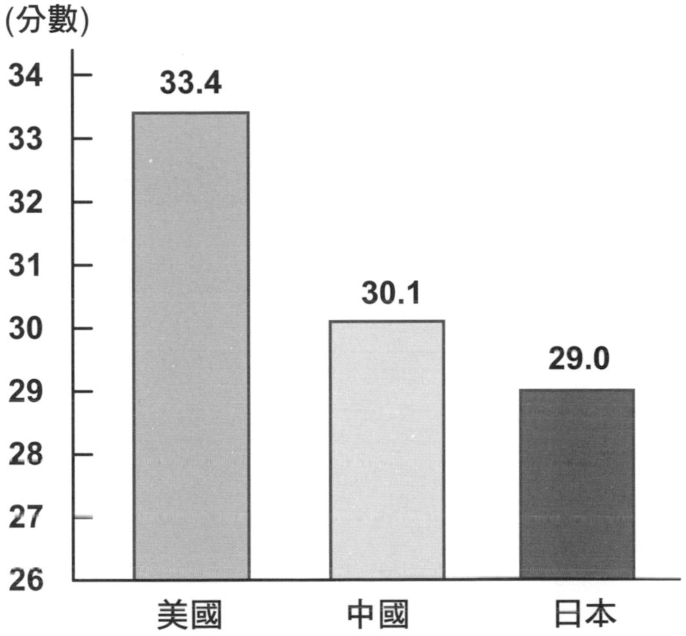

競爭意識的比較調查

（資料來源：Housuton, J. M., et al., 2005）

↓

日本人的國民性格就是不適合競爭

日本人的競爭意識，明顯低於美國人和中國人。

44 多運動，負面情緒就會消失

◎強健身體能增加自信，改變消極內在

鍛鍊體力有很多種方式，但一提到如何鍛鍊「精神」，就只能勉強說出打坐、冥想、或是修行等寥寥幾個方法。其實，**藉由「鍛鍊身體」也能強壯心智及精神。**

亞特蘭大基督青年會的詹姆斯．亞納西曾進行過一項相關實驗。首先他要求50名小學生每週3天，放學後做運動。然後讓另外42名小學生放學後直接讀書、做功課。連續實驗12週之後，發現每週運動3天的小學生明顯較有自信，而且表現比較積極。也比較不會有緊張疲憊等負面情緒。

所以凡事不要鑽牛角尖，一旦情緒低落，失去信心時，不妨做做運動，磨鍊一下身體。**有強健的體魄，自然能散發自信，個性也會變得更積極。**

「生理」會影響「心理」

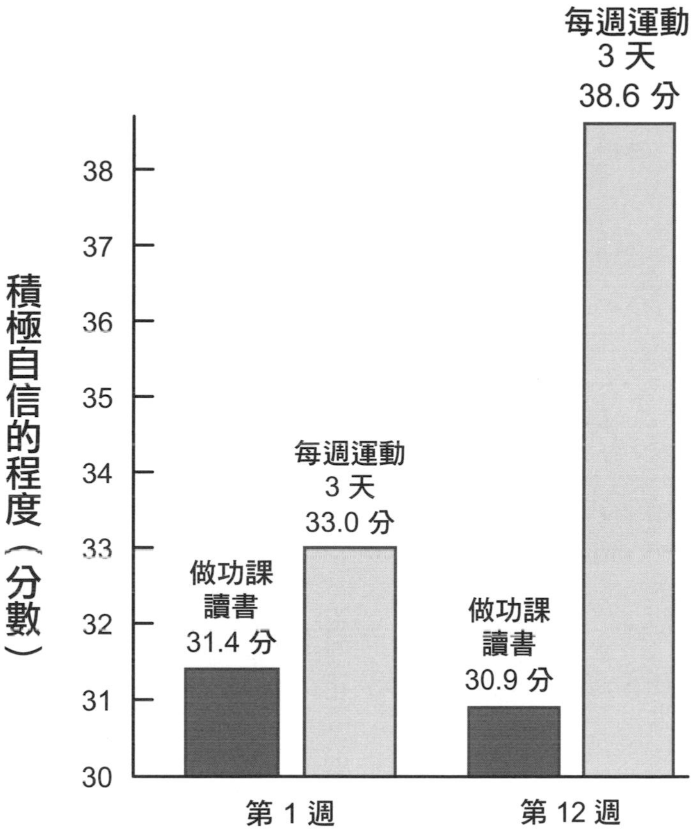
積極自信的程度（分數）
38
37
36
35
34
33
32
31
30
做功課讀書 31.4 分
每週運動 3 天 33.0 分
做功課讀書 30.9 分
每週運動 3 天 38.6 分
第 1 週
第 12 週

（資料來源：Annesi, J.J., 2005）

一個人如果擁有強健的體魄，自然會變得積極又有自信。

45 自我感覺良好的人，反而容易成功

◎不要吝嗇給自己100分

每個人都有所謂的「自我形象」，也就是認為自己是個「什麼樣的人」。自我形象越高的人，越能發揮自己的能力，人生也會過得更充實。那麼，自我形象不夠明確的人，該怎麼提升呢？答案很簡單，**只要不斷給自己加分暗示，誇大實力就行了**。

伊利諾大學的戴波拉·菲力浦斯博士曾做過一項研究。他對115名小學五年級的學生進行調查，發現認為自己的能力比實際能力更好的孩子，成績比較容易進步。相較於此，認為自我能力不及實際能力好的孩子，學業成績比較不容易進步。而且菲力浦斯博士認為**誇大實力的行為並非出於妄想，而是一種「自我感覺良好」的幻想。**

◎成功的第一步，先「相信自己」

許多成功者都是屬於「自我感覺良好」的人，實際表現明明只有70分，但他們總是大方地為自己打了100分。重要的是，只有自己能給自己打分數，如果覺得自己是100分，那就是100分；覺得自己只有60分，那就只有60分。

所以當然要給自己打高一點的分數，反正這麼做並不會造成別人的困擾，況且要在心裡給自己打多少分也是個人自由。所以千萬不要吝嗇給自己100分，誇大一下能力也無傷大雅。

你的價值，自己決定

能為你打「價值分數」的人
只有你自己！

把實力放大看，為自己慷慨加分，自信心隨之而來。

46 大聲說出自己的目標

◎善用公開宣示效果，能讓自己變得更積極

與他人初次見面往往從交換名片開始，這個時候，多數人會忍不住脫口而出：「其實我有點緊張。」於是搞得自己真的很緊張。這種情況就叫做**「公開宣示效果」，也就是將說出來的話予以「內在化」，逐漸改變自我意識的意思。**

根據美國凱斯西楚大學的達安．泰斯博士進行的實驗結果顯示，在人前說自己是「情緒化」的人，情緒起伏就會真的變大；相反地，跟別人說自己是「情緒穩定」的人，情緒就會比較穩定，這就是公開宣示效果的影響力。

職棒選手鈴木一朗曾經分享在中學時代的一個故事。有位同學提議：「我們20歲時，開個同學會聚聚吧！」只見鈴木一朗神情認真地說：「那時我應該忙著打職棒吧！所以沒空參加。」結果還被大家取笑。

◎喪氣話越少，成功機會才會越多

像鈴木一朗這樣公開宣示夢想與目標，就能壯大自我意識，朝著目標邁進。無論你的目標是加強英語能力，還是買一棟屬於自己的房子，千萬不要想著：「要是沒有實現，會被別人恥笑」，大方地說出目標吧！

世人眼中的成功者大多喜歡吹捧自己，他們認為：「大聲說出目標就對了！」他們也很習慣善用公開宣示效果，鞭策自己更努力。**所以，千萬別老是說些會讓自己喪氣的消極話語，成功的機會才會更多。**

夢想需要「出口成真」

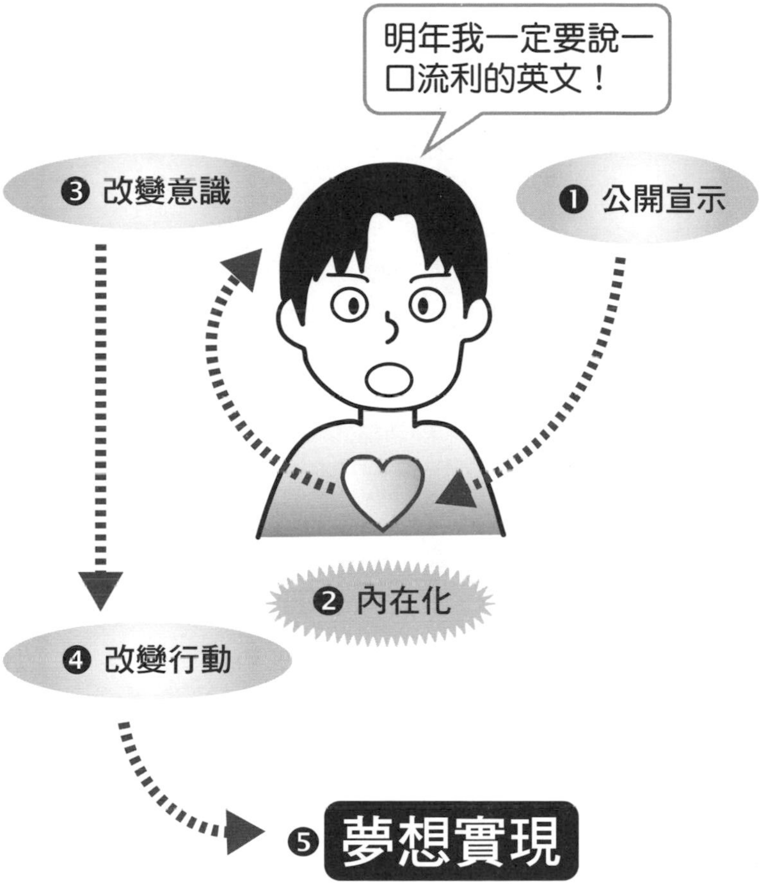
明年我一定要說一口流利的英文！
❶ 公開宣示
❷ 內在化
❸ 改變意識
❹ 改變行動
❺ 夢想實現

夢想不能只公開宣示一次，多說幾次，目標就越容易實現。

47 拖延隱瞞，只會增加恐懼與罪惡感

◎隱瞞不會改變結果，只會加重心理負擔

你是否曾經因為工作不小心出錯，不敢向主管報告，抱著「能拖就拖」的心態呢？其實這種拖延心態對你一點好處也沒有，反而會惹來更大的麻煩。

根據美國巴克納爾大學J．T．普達賽克博士的研究顯示，**向對方傳達壞消息時，越是猶豫著要不要告訴對方，心理壓力就會越大。**

想想，這是理所當然的事。因為越是拖延隱瞞，內心的恐懼與罪惡感就越重，壓力自然也就越大。好比將發霉的食物蓋上蓋子，自以為眼不見為淨，其實總有一天還是要處理的。

所以越是糟糕的狀況，越要盡快處理，才是妥當的做法。無論你何時說出來，對方都會生氣。不如盡量早點明說，迅速解決，也才能盡快清除壓力。

◎別讓「拖延」為難自己

同樣道理也可以套用在工作方面，例如「回絕對方請求」。如果一直遲遲無法拒絕，老是用「**讓我再思考一個禮拜**」為藉口逃避，那麼心中的壓力就會持續到下個禮拜。

所以「當機立斷地拒絕」才是最好的做法。也許這麼做，當下會覺得有些難過愧疚，但之後心裡就會舒坦多了。總之，**無論是道歉也好，拒絕也罷，「快刀斬亂麻」才是最好的解決之道。**

逃避不能解決問題

拖得越久，心裡的壓力就會越大。

48 每天，留給自己一點療癒時間

◎醫治心靈，身體自然健康

公事私事兩頭燒的結果，就是搞得自己身心俱疲，壓力倍增。內心焦慮不安時，脾氣自然不好，無法做好情緒管理。一旦陷入這般窘迫的精神狀態，該如何解決呢？

其實有個方法很簡單，**那就是晚上回到家，關掉房間裡的燈，採取坐姿或是躺在床上、沙發都行，獨自靜靜地待在昏暗的房間裡休息。**

加拿大溫哥華英屬哥倫比亞大學的彼得．史多菲爾德教授，曾進行一項實驗。他讓經醫師診斷罹患高血壓的患者，待在昏暗的房間裡休息，發現這些患者的血壓明顯下降。會有如此驚人的效果，是因為患者內心壓力大幅減輕的緣故。

◎暫別外在世界，清空內心壓力

根據史多菲爾德教授的實驗結果顯示，由於人平日會受到許多外來的刺激，導致神經始終處於非常敏感的狀態。因此，**藉由靜靜地待在昏暗房間裡，可以短暫隔絕外來刺激，並有效舒緩亢奮的神經，壓力自然會消除。**

不必花大錢，也不需要舟車勞頓，從今天開始就能輕鬆實踐！每個人內心多少都積存了一些壓力，只是平日沒有察覺而已。小動作對於放鬆身心、療癒心靈有著驚人效果，請務必一試。

短暫關閉感官

待在「昏暗房間」裡，可以有效隔絕視覺、聽覺等各種刺激，徹底放鬆心情，消除壓力。

「要 5 毛，給 1 塊」的暗示技巧

說服別人時，有一招頗具代表性的技巧，叫做「even a penny technic」（註），意思就是「即使 1 分錢也行」。

例如，站在車站前募款的義工向你說：「請順手捐款，救救〇〇」，你會比較容易拒絕。但如果對方是說：「10 元、1 元也行，請踴躍捐款救助〇〇！」，你就比較不容易拒絕。而且有趣的是，你往往給的不只 10 元，而是給 100 元，這是因為出於「反正都要給」的心態，也就自動調高金額了。

所以這道理也可應用在拜託別人協助時，不妨先以最低限度的請求方式向對方說：「只要〇〇就行了」，請求對方協助。

只要一舉降低門檻，就能誘使對方產生自發性行為。而且對方是出於自願，不用擔心會惹對方生氣或怨恨。反而能挑起對方的自尊心，讓對方產生優越感。

註：penny是 1 分錢（cent）的意思，約為台幣的 5 毛錢。

第7章

進階版暗示技巧掌握人心，下一秒就受歡迎！

哪一種暗示能大膽觸動對方的心，

卻不會讓對方察覺呢？

「深度暗示技巧」，

教你不必把話說白，大家就會認同你！

49 利用「第三者」提醒真正犯錯的人

◎「間接提醒」比「當面斥責」更有效

假設你正在責備部屬A，問題是A這個人很不受教，即使當面厲聲指責，他還是頻頻犯錯，沒辦法做好分內的工作。這時該怎麼做呢？**很簡單，責罵另一位毫不相干的部屬B就行了。**也就是利用第三者提醒真正犯錯的人，這在心理學上稱「間接暗示法」。

拍攝電影或電視劇的現場，時常看到導演對助理破口大罵的情景，其實導演並不是在斥責助理，而是責備在場所有的人，尤其是正在進行拍攝的演員們，這就是使用「間接暗示法」的典型案例。

附帶一提，長嶋茂雄身為巨人隊的明星球員時，就經常扮演挨罵的角色，因為川上哲治教練會藉由斥責長嶋先生來激勵年輕選手們，而且長嶋先生是屬於越受到刺激，越奮發向上的人，反而會產生良好的示範作用，提高球隊的士氣。

◎拐個彎指責，部屬反而能坦然接受

「間接暗示法」多用來對付不受教的員工，或是耳根子較硬的人。例如，當你被嚴厲上司訓斥時，肯定很想反駁幾句吧！這時不管上司說得再有道理，你一定非常惱火。但如果上司採取「間接暗示法」，**藉由第三者表達自己的不滿，而不是直接向你發飆，想必你不但會不知從何反駁，還會坦然接受。**

當然也有像片場助理那樣平白無故挨罵的例子，若撇開這個不談，這一招其實蠻有效的。

「指桑罵槐」的暗示妙用

經由第三者指責真正犯錯的人，有著讓人難以反駁的優點。

50 表面上「自由選擇」，其實是「被誘導」

◎人總是習慣迴避「最好」與「最壞」的選擇

假設你是個保險業務員，這個月必須推銷一款叫做「超級癌症保險」的專案，你拚命向保戶推銷，但卻成效不彰，沒有一筆成交。這個時候，其實不需要特別推銷，只要告訴保戶除了「超級」癌症保險，**還有「最頂級」的癌症保險以及「一般的」癌症保險三種，讓保戶選擇就行了。**只要這樣暗示就能成功促銷「超級癌症保險」。

美國西北大學的心理學家，亞歷山大．修內夫曾針對360名大學生進行一項實驗。他讓學生們自由選購無線電話機、酒等各類商品（有各種功能與價格可選擇）。實驗結果顯示，57.1～60.4％的學生會選功能與價格皆屬「中間等級」的商品。

修內夫教授稱此為「極端性迴避」，意思是**人在面臨抉擇時，會傾向選擇中間等級，迴避極端性的東西。**

◎何謂「松竹梅」法則？

生活中還有其他「極端性迴避」的例子。例如燒烤店的菜單上有「特級牛五花」、「上選牛五花」、「牛五花」等三種，為何顧客通常都會選「上選牛五花」呢？或是日式料理店會推出松竹梅三種套餐，也都以選擇「竹」套餐的顧客居多，這就是極端性迴避的典型例子。

這招極端性迴避的厲害之處在於**「表面上讓對方自由選擇，其實是促銷自己想賣的商品」**。話說至此，我想你在日常生活中，一定也買了不少被「誘導選擇」的商品吧。

其實，你早就知道答案

最頂級 癌症保險	超級 癌症保險	一般 癌症保險
每月支付 10000 元	每月支付 5000 元	每月支付 2500元

※也讓你周遭的朋友測試一下吧！

表面上是讓客戶自由選擇，其實是誘導他選你想要的答案。

51 你可以輕易「揑造」任何人的記憶

◎人的記憶很容易被牽著走

人的記憶難免有點模糊偏差，這是很正常的事。**然而人不僅會忘東忘西，也很容易受他人操控。**換句話說，你也可以輕易「揑造」任何人的記憶。

美國肯特州立大學的瑪麗亞·札拉可薩博士曾讓255名大學生，觀看5分鐘搶劫案件的影片。再將虛構的情報植入他們的記憶。例如，明明現場沒有狗，卻故意說：「我聽到現場有狗叫聲……」。實驗結果顯示，比起只暗示1次，暗示3次現場有「狗」的詢問方式，能讓受驗者一週後的記憶扭曲程度足足高出6倍之多。

這招揑造記憶的手段也常用於工作。例如，你一開頭就說：「記得今天下午要討論提案的事……」先揑造一個前提再進行商談。**就算對方心裡懷疑：「咦？我有說過嗎？」也會順著你的意思回應**，所以這招暗示技巧堪稱「惡魔的招數」。

記憶「禁不起考驗」

我們的記憶不僅容易遺忘，也很難察覺是否遭到捏造。

52 臨走前給個暗示，吸引對方注意

◎對話內容好比套餐，有主從順序之別

人與人之間的對話就像「套餐」，有一定的上菜順序（說話順序）。從前菜開始，依序為湯品、主餐（魚類、肉類），最後是甜點。

美國德克薩斯大學的心理學家理查．阿契，曾針對66名大學生進行以下實驗。他讓學生們交談10分鐘，然後其中一名學生突然說出自己讓女友懷孕的私密話題。

實驗發現，剛開始端出這個話題時，大家對這位說出爆點的學生好感度為15.38分（滿分35分）；交談結束後，好感度升至17.97分。

會出現這樣的結果是理所當然的，畢竟突然脫口說出自己的私事，別人也不曉得該如何回應，就像主菜不能太早上桌的道理是一樣的。

◎趁話題熱絡時，趕快收尾

再介紹兩招暗示技巧。第一招是「趁話題正熱絡時收尾」，讓對方有一種「意猶未盡」的感覺，產生想跟你再多聊一些、想和你再約下一次碰面的想法，**就像是主菜還來不急吃完就被收走一樣**。

另一招是「臨走前給個暗示」。與對方告別臨走前不妨說一句：

「對了，有件事還沒跟你說。」

對方肯定會很好奇地問：「什麼事？」

這時就可回應：「明天我再打電話告訴你。」

然後迅速道別，這個階段就像是「餐後甜點」。這麼一來，便能吸引對方的注意，**讓他出現「啊～好可惜喔！真想和你再多聊一下！」、「跟你聊天時間過好快」的感覺，順利製造下一次碰面的機會**，所以「臨走前給暗示」這招非常好用。

不留句點的對話

臨走前丟出「甜點暗示」，就能引起對方注意，製造下一次碰面的機會。

53 利用「成本暗示」，提高認真指數

◎人都不服輸，所以容易被金錢與時間牽制

為什麼「賭博」這件事總是讓人如此沉迷？這是因為人都有不服輸的心態，越是不服輸，就會投入越多金錢，抱著「只要贏回來就收手」的心態，最後越陷越深，無法徹底死心，甚至賭到身無分文。

這就是所謂的**「沉沒成本效應」，投注越多心力，越難收手。**

紐澤西大學的艾林．普雷查教授，曾針對某企業的行銷部門進行一項實驗。他先給這個部門2萬美元作為資金，然後隨便胡謅一項商品，詢問他們這項商品需要多少廣告費用。

附帶一提，這項實驗的前提是不管投入多少廣告費用都毫無成效。因此投入越多廣告費用，只會越陷越深，「再追加○○美元的廣告費用」只好不斷追加費用。

◎成本越高，付出的心力越多

好比選擇「貴一點」的餐廳舉辦聯誼活動，**參加者的心態就會比較認真，因為既然已經「投資」這麼貴的成本，當然要認真一點才能「回本」**。

就這一點看來，選擇便宜的小酒館舉辦聯誼活動並不恰當。除了聯誼活動之外，與別人相約見面最好選擇稍微貴一點的地方，就算只是吃頓商業午餐，在貴一點的餐廳用餐，雙方考量「成本回收」，態度自然會比較認真，效率也會提升。

越陷越深的「想回本」心態

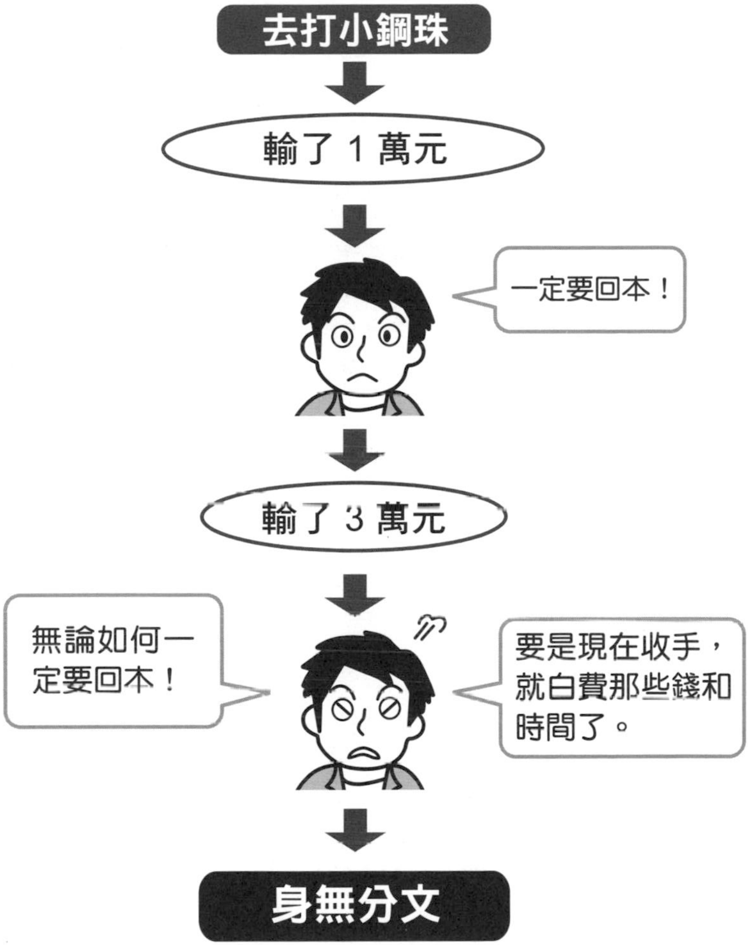

一旦投入越多金錢、時間和心力，就越難收手。

54 不把話講白的悄悄話，更具殺傷力

◎「傳言」有巨大的影響力

為什麼人這麼喜歡聽八卦呢？加拿大卡加里大學的心理學家大衛．瓊斯，曾假意進行一項「用電話簿調查名字」的實驗，然後請兩名女性故意說出以下的話給受驗者聽，A：「這項實驗好像很有趣呢！」，B：「這項實驗好像很無聊。」

接著在實驗結束後，詢問受驗者對這項實驗的評價。結果聽到A悄悄話的人，也會和A一樣覺得很有趣；聽到B講話的人，則是和B一樣覺得很無聊。

「人類最容易相信偶然聽到的傳言」，心理學稱這種心態為「間接聽聞效果」。所以，你可以用主管能聽到的音量說：「聽說這次的企劃和抽樣調查頗受好評呢！」散布對自己有利的傳言，就能讓主管在心裡默默為你的工作表現加分。

比起大肆炫耀，不把話講白的悄悄話反而更有效果，更具真實性。

人們總是會相信「偶然聽到的傳言」

每個人都很在意悄悄話，即使是偶然聽到的流言，也會相信那是真的。

55 用常識「前提暗示」，沒人敢說不

◎先說「這是一般常識……」，絕對有說服力

「今後日本汽車產業將步上衰退一途。不用多說，這絕對是無庸置疑的事，因為中國正在崛起。」看了這段文字，你有何感想？是不是大部分的人都非常認同呢？其實這幾句話隱藏著**「前提暗示」**的技巧。

「這是眾所周知的事」、「這件事無庸置疑」此類字眼會讓事情聽起來「已經得到大家的認同」，**而我們又怕自己不曉得「已經得到大家認同的事（常識）」**。

希臘馬其頓大學的心理學家，安東尼．加迪寇帝斯曾讓兩組大學生各看一段虛構的文章，開頭分別是：《A》「**大多數人都很支持……**」、《B》「半數的人很支持……」然後詢問讀後感，結果顯示A組的說服力比較高。像是**「這是當然的」**、**「我想應該沒有人不知道吧」**之類的前提暗示，可以大幅提升說服力。

巧妙地加入「前提暗示」

無庸置疑，世界盃足球賽是最盛大的國際賽事！
世界盃足球賽大概是最盛大的國際賽事吧！
說服力高
說服力小

對話裡加入「前提暗示」，瞬間就會被大家認同。

拒絕應酬的暗示技巧

當同事找你去小酌一杯或是參加聚會，但是你不想去時，該如何拒絕呢？

和上司、前輩一起喝酒時，免不了得聽他們發牢騷、炫耀自己多厲害，不然就是開始說教，即使再無聊也得忍受。雖然酒錢不算多，卻攸關自己的職場前途，這些小事著實不容小覷。教你一招**「巧妙拒絕邀約」**的訣竅，而且可以非常委婉地回絕，絕對不會得罪人。

- 「我當然要去呀！可是晚上還有一些事，所以只能待 1 個鐘頭，這樣可以嗎？」
- 「我非常想參加，可是今天 8 點和別人有約，這樣可以嗎？」

這麼一來，對方就會乾脆地打退堂鼓了。因為對方會覺得只喝 1 個鐘頭根本不盡興，也知道你「其實很想和他喝酒」，就某種意義來說，他已經覺得很滿足了。

接著你可以再補這麼一句：「好可惜哦！下次一定要再去喝一杯」，如此一來，不僅能讓對方下次再對你提出邀約，又不會得罪到他人。

第8章

營造氣氛的暗示技巧 你想的事，都能順利進行

暗示不一定要「講出來」。

借助場景與小道具來營造氣氛，

即使是自認口拙之人，也能輕鬆操控別人的決定。

56 活用午餐時間，拉近彼此的距離

◎餵飽肚子，心也會跟著滿足

哈佛大學的納古拉博士曾說過：「如果把自己的肚子餵飽，就比較不會跟別人發生爭執，可見吵架這件事與血糖值有密切關係。」

我也贊同這種說法。**尤其和容易發脾氣的人討論事情之前，一定要在他「吃飽」的時候。因為在輕鬆的用餐氣氛下，對方比較容易敞開心房。**

說服理論學有所謂的「午餐技巧」，也就是建議一邊和客戶吃午餐，一邊商談公事，順便交換情報。歐美也很盛行「午餐會議」，在彼此都很放鬆的狀態下，討論過程也會比較順利。

◎不吃早餐的人，情緒容易焦躁

如果你忙到很難抽空吃頓午餐的話，至少也要記得吃點輕食，墊墊肚子。**因為肚子一餓，不但情緒會變得焦躁，注意力也會相對渙散**，在這樣的狀況下洽談公事，肯定不會留給別人什麼好印象。而且根據我的經驗，沒有吃早餐習慣的人，情緒比較容易焦躁。

給人一派沉穩大方印象的人，絕對都有乖乖吃早餐的習慣。畢竟餵飽肚子，才有心思專心工作。所以要是早上真的來不及好好吃頓早餐，至少也要去便利商店買個飯糰或三明治，養成吃早餐的習慣。

共享美食，讓感情升溫

肚子一餓，情緒就會變得焦躁，注意力渙散。活用「午餐技巧」，拉攏彼此的關係。

57 名牌不是炫耀，是讓自己感受：「我值得！」

◎為自己選一只手錶吧！

手機普及之後，越來越多年輕人不戴手錶，因為手機上頭會顯示時間，也就沒必要戴手錶了。不過，我還是想大聲疾呼一下：**「養成戴手錶的習慣比較好。」而且最好規劃一筆預算買只名錶。**

心理學有所謂「彰顯自我」的論點，自我指的就是自己本身。**意思是連一個人所配戴的東西都代表著「自己」。**配戴一只名錶，名錶就代表你自己；開一輛名車，名車也代表著你。人們會藉由這類方式逐步了解自己。當然配戴便宜的手錶，也是代表你「這個人」。

或許有人覺得名牌只是一種「為了向別人炫耀的小道具」，但是從彰顯自我的觀點來看，名牌並不是用來向別人炫耀的。

◎自己的感受最重要

「我配戴的是這樣的錶」，個人感受比較重要。就像穿上名牌內衣這類「不必讓別人看見的東西」，**重要的是「自我感受」而不是為了向別人炫耀**，講究西裝和領帶等物品的質感也是一樣。

同理，其他如名牌錢包、鑽石級信用卡、昂貴飾品等，也是一種影響自我感受的手段。但我個人認為年輕人與其花錢購買昂貴服飾之類的消耗品，不如買只可以保值的名錶比較划算，不是嗎？

用身外之物感受自我！

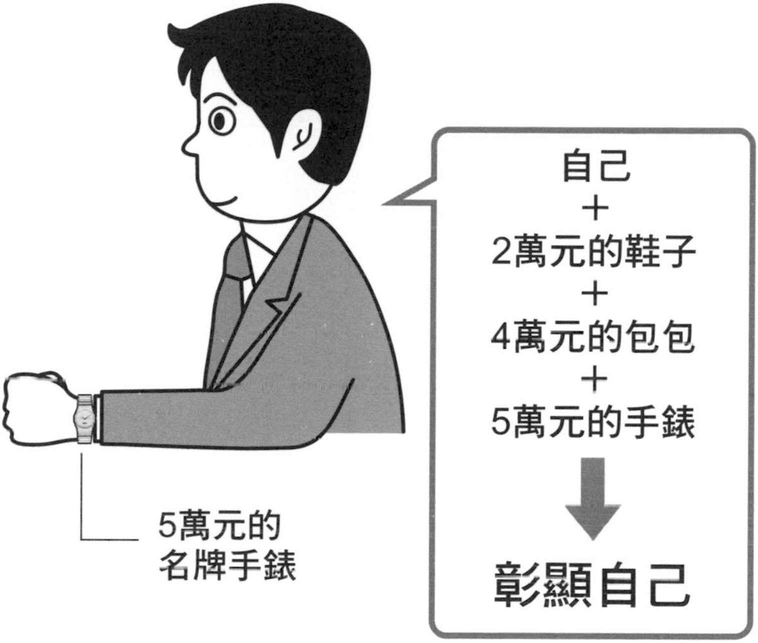
5萬元的
名牌手錶
自己
＋
2萬元的鞋子
＋
4萬元的包包
＋
5萬元的手錶
彰顯自己

人們認為「連穿戴的東西都代表『自己』」，這就是所謂的彰顯自我。

58 笑容，是最有力量的暗示

◎快樂可以被「傳染」！

站在銷售第一線的營業員，如何展現親切自然的笑容很重要。但是皮笑肉不笑或是臉部表情僵硬時，實在很不自然。在此介紹一個能讓你笑得親切又自然的方法，不用裝模作樣，**只要在最後無聲地說個「一」，嘴角順勢往兩邊拉就行了：**

▼這條領帶很適合你呢！（一）　▼早安！（一）

▼謝謝！（一）　▼辛苦了！（一）

只要多做幾遍，養成習慣，無論面對任何人都能展現親切又自然的笑容。笑容有強烈地「渲染力」。在心理學上稱為「情緒渲染效果」，能讓周遭人也感染到你的好心情，跟著展露笑容。**因此面帶笑容的人，人緣特別好，因為大家都想分享他的好心情。**

多笑，好人緣就是你的

笑容有一種「渲染力」！

||

情緒渲染效果

↓

面帶笑容的人，大家都喜歡

最後無聲說句「一」，嘴角順勢往兩邊拉，便能露出親切又自然的笑容。

59 嘈雜的環境談公事，壓力大

「吵雜空間」也是壓力的來源

盡量避免在人聲吵雜的地方與人相約碰面，像是環境狹窄喧鬧、天花板過低的店等，都不是適合的場所。

加里福尼亞大學的心理學家葛雷里．艾帕斯曾做過一項實驗。先將接受實驗的大學生分為兩組，讓他們分別待在「人聲鼎沸」的房間與「安靜」的房間，從事同樣的工作。

接著測量他們的血壓與脈搏，詢問一些主觀感受壓力的問題。實驗結果發現，待在安靜房間裡的學生的血壓、脈搏都很正常，代表他們的壓力程度比較低。

也就是說，**當你處在聲音喧鬧、身旁不時湧出笑聲、說話聲、吵鬧聲的環境裡，不但無心做事，而且也很容易出現壓力。**

◎待在視野寬闊的空間，能拉近彼此距離

露天咖啡座的視野廣闊、沒有天花板遮蔽，可以讓人放鬆心情，是最適合洽談公事的地方。

這裡介紹幾招讓你參加宴會時，能夠趕快去外面陽台透透氣的訣竅。雖然依宴會的種類與規模不同，氣氛也不一樣，但大部分的宴會場合都比較吵雜，令人無法放鬆地愉快交談。

這時去外面陽台透透氣是最好的放鬆方法，站在視野寬闊的開放空間，心情也會變得輕鬆許多。而且如果有心儀的女士，不妨邀請對方到陽台聊天，一定能交談熱絡，拉近彼此的距離。

不利環境會影響健康

· 血壓……上升

· 脈搏……升高

· 壓力……增加

人聲吵雜的空間

處在嘈雜的環境中，不但會讓血壓上升，脈搏變快，還會感受到壓力。

60 盡量選擇「逆光」的座位，增加氣勢

◎「逆光」就能贏在起跑點

布蘭迪斯大學的心理學家，雷斯利・馬卡薩做過一項實驗，他先將受驗者分組，然後讓他們互相交談。交談結束後詢問他們：「你覺得團體中誰最具有領袖氣質？」選評的結果，竟然是「坐在最佳採光位置」的人最具有領導氣勢。

當然不是因為坐在採光好的地方，就能改變談話內容，而是因為光線營造出來的氛圍會讓人感覺頗具「氣勢」。

所以坐在光線充足的位置，不但能讓自己看起來較有架勢，也能讓對方留下深刻的「印象」。

◎選擇位置的學問

宗教畫裡，從身後散射光束的釋迦牟尼或基督畫像，就是營造「逆光效果」最典型的例子。因為在背後映襯光線能壯大一個人的氣勢，使人不敢直視。

若是因為房屋結構的關係，不太容易找到逆光位置的話，可以選擇照明設備下方的位置。無論是會議、洽公，或是三五好友聚會的場合，盡量找尋燈光最明亮、能營造逆光效果的位置，就能製造出壯大氣勢的效果。

藉由逆光效果，壯大氣勢

最佳位置＝身後射來光線

➡ 在晚上或室內的話，就選擇照明設備正下方的位置。

身後射來的光線最強時，就是逆光效果最大的時候。

61 輸人不輸陣，人數多氣勢強

◎洽公時，多帶幾個人看起來比較有氣勢

若你身為主管，建議與洽公對象初次會面時，多帶幾位體面的部屬同行，這麼做的理由是為了「壯大聲勢」。**身邊有幾位體面的部屬跟著，能讓對方留下「工作能力很強」、「很有領導氣勢」的印象與評價。**這是因為我們在評價一個人時，往往會受到「輸人不輸陣」的觀念影響。

以色列希伯來大學的心理學家，雅各普·斯庫爾曾以52名大學生為對象進行模擬面試實驗。由受驗者扮演面試官，評鑑前來應徵文字工作的人。評鑑對象分別是有一封推薦信以及有兩封推薦信的應徵者。

實驗結果顯示，無論是應徵者的「適任性」，還是「人格特質」、「團隊精神」等項目，有兩封推薦信的應徵者得到的評價明顯高出許多。

◎讓部屬站在你身後，顯現威嚇感

換句話說，**評鑑根據的是推薦信的「數量」而不是內容，可見「氣勢」的確會影響一個人的外在評價。**

洽公時，最好多帶2、3個人同行以壯聲勢。就算跟隨的是經驗不足的菜鳥，只要外表夠體面，還是有加分效果。

而且雙方進行商議時，最好讓助理站在你身後。這麼一來，對方會感受到一股莫名的威嚇感，錯覺你是個大咖級人物。

用「人數優勢」壓倒對方

1人＋3 位部屬 → 很有氣勢

1人 → 感覺不太可靠

商場上也有所謂的「輸人不輸陣」法則，尤其面對大客戶時，更要多帶幾個人，壯大自己的聲勢。

62 彼此身體距離120cm，增加好感

初次見面，別靠對方太近

心理學裡有一條「距離法則」，意思是**與對方的「身體距離」越近，就會越喜歡對方。相反地，與對方的「身體距離」越遠，彼此的「心理距離」就越遠**，也很難維持良好的關係。那麼，究竟間隔多遠才是最佳距離呢？

紐澤西州德斯托克頓學院的心理學家南西．阿休頓做過相關實驗。她找來20位男女參加實驗，讓他們各自找伴交談。雙方座椅的距離分別設定為30公分、60公分、120公分、240公分、300公分，交談結束後，調查他們對彼此的好感度。

距離太近，呼吸聲會讓人感覺不自在

實驗結果發現，雙方座椅間隔（與對方的距離）60～120公分時，彼此的好感度

最高。想想，這也是理所當然的。雖然身體距離越近越好，但若近到聽得到對方的呼吸聲，反而容易產生不快。

因此，**面對初次見面的人，還是保持1～2公尺的距離比較恰當，之後再依彼此互動的情形，逐漸縮短距離。**

就像人與人相處時，在言語或行為上必須注意分寸拿捏，彼此的「身體距離」也有一個最恰當的位置。

與心儀對象的最佳距離

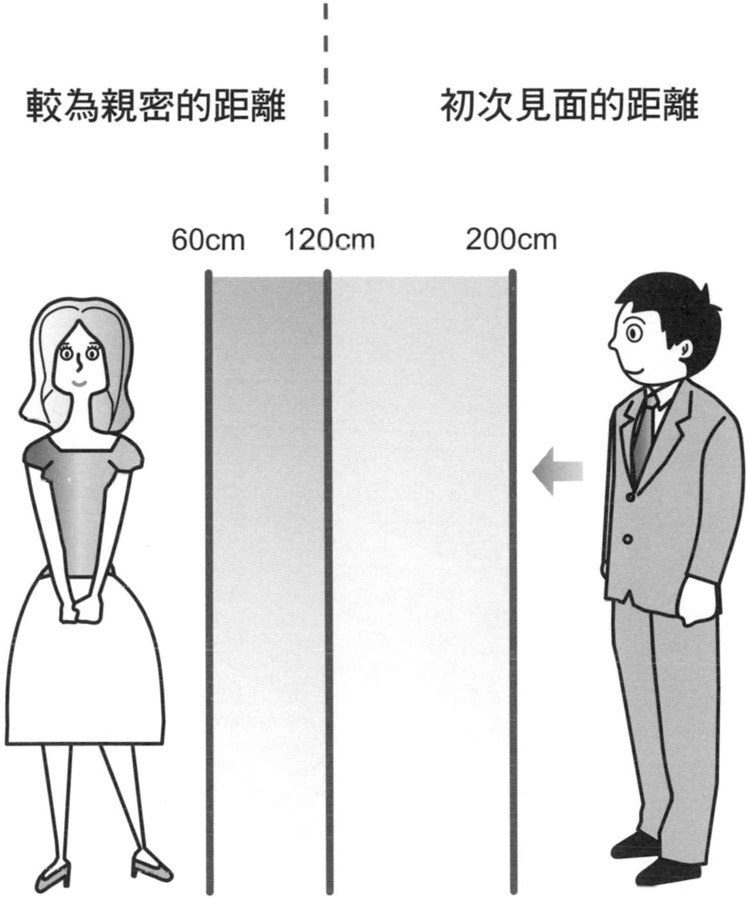

初次見面，彼此最好相距 100～200 公分；關係較為親密時，60～120 公分是最恰當的距離。

後記

暗示的力量，超乎你的想像！

看完本書，你一定會恍然大悟，發現原來這社會上充斥著各種「暗示」。無論是企業廣告、知名主持人的妙語如珠、政治家的演講、手腕一流的業務高手、演員以及女明星炒作緋聞、暢銷作家的作品、甚至連最受歡迎的酒店小姐，他們都在活用這門學問。

能夠成為吸睛焦點的人，幾乎都是善用「暗示」技術的高手。

那麼，要是看了其他知名企業家有關溝通技巧的著作，是不是也能學到更多實用的暗示技術呢？

答案是否定的。因為他們所提到的暗示技巧，充其量只是個人經驗，並未昇華到足以成為一項原理或原則的程度，所以即使依樣畫葫蘆，還是不會有太大的成效。關於這一點，我想再次申明，我是個心理學家。

◎你的每一個決定，都是受到「暗示」的操作

本書不但舉證許多最新的心理學研究資料，也逐一說明各種暗示技巧的原理與方法，而且每一項技巧都有學術理論的背書，仿效所得的成效自然非常高。

為了幫助大家更容易理解，每一項技巧均附有圖解說明，和市面上內容千篇一律的同類書籍絕對不同，這一點我非常有自信。

正因為我們身處科技發達的21世紀，所以很容易合理化自己的行為，自認為是理性之人。

然而，就像我所強調的，人類絕大部分的情感思想是非理性的。好比我們會

莫名地買一件東西，莫名地喜歡上一個人，莫名地接受對方的意見，莫名地為某件事下個自己為正確的結論。**顯然這些「莫名的決定」都是受到暗示的操作。**

◎「暗示」不是欺騙，而是巧妙的說服術

人若是無意識受到暗示的操控，就算想避也避不了。而且越是自認為理性之人，一旦失去防備，落入暗示陷阱的可能性也越高。

「總覺得在欺騙別人！」

「總覺得這麼做很狡猾！」

「就算靠暗示技巧贏得好人緣，也不夠光彩！」

我想應該有讀者會基於上述理由，猶豫該不該活用這些暗示技巧吧！**其實暗示「並不是欺騙他人」的行為。暗示是一種「說服他人」的工具。**而且我最擅長的正是「說服」這一門學問。

也許一般人認為說服就是「義正嚴辭地說服對方」，其實不然。畢竟人生在世不是光靠一個「理」字，就能說服各種人。當你想要改變他人想法時，必須「道理＋α」，**也就是再多說一些不一樣的話術。**

最後，誠心祈願這本書能帶給各位莫大的助益，在職場及人際關係上都能因為這套「暗示的技術」更加順利圓滿。

內藤誼人

Easy 輕鬆學 輕鬆學系列011

帶人不能用命令，一定要學會暗示的技術

62招讓自己更輕鬆，贏得人心的暗示法則。
不必把話説白，任何人都能自動自發幫你做事！

【図解】人を魅了する暗示の技術

作　　者	內藤誼人
譯　　者	楊明綺
出版發行	采實文化事業有限公司 116台北市文山區羅斯福路五段158號7樓 電話：（02）2932-6098 傳真：（02）2932-6097
電子信箱	acme@acmebook.com.tw
采實粉絲團	http://www.facebook.com/acmebook

總 編 輯	吳翠萍
主　　編	陳鳳如
執行編輯	洪曉萍
日文編輯	王琦柔
業務經理	張純鐘
業務專員	李韶婉・邱清暉
行銷組長	蔡靜恩
行政會計	江芝芸・賴芝巧
美術設計	許晉維
內文排版	菩薩蠻數位文化有限公司
製版・印刷・裝訂	中茂・明和
法律顧問	第一國際法律事務所 余淑杏律師

I S B N	978-986-6228-50-6
定　　價	260元
初版一刷	2012年11月29日
劃撥帳號	50148859
劃撥戶名	采實文化事業有限公司

國家圖書館出版品預行編目資料

帶人不能用命令，一定要學會暗示的技術：62招讓自己更輕鬆，贏得人心的暗示法則。不必把話説白，任何人都能自動自發幫你做事！／內藤誼人原作；楊明綺譯. - - 初版. - - 臺北市：采實文化, 民101.11 面； 公分. --（輕鬆學系列；11）譯自：【図解】人を魅了する暗示の技術
ISBN 978-986-6228-50-6（平裝）
1.溝通技巧 2.暗示
177.1　　101020401

廣	告	回	信
台北郵局登記證			
台北廣字第03720號			
免	貼	郵	票

采實文化 ACME PUBLISHING 采實文化事業有限公司

116台北市文山區羅斯福路五段158號7樓

采實文化讀者服務部　收

讀者服務專線：（02）2932-6098

帶人不能用命令，一定要學會
暗示的技術
【図解】人を魅了する暗示の技術

Easy 輕鬆學 系列專用回函

系列：輕鬆學011

書名：帶人不能用命令，一定要學會暗示的技術：62招讓自己更輕鬆，贏得人心的暗示法則。不必把話說白，任何人都能自動自發幫你做事！

讀者資料（本資料只供出版社內部建檔及寄送必要書訊使用）：

1. 姓名：
2. 性別：□男　□女
3. 出生年月日：民國　　年　　月　　日（年齡：　　歲）
4. 教育程度：□大學以上　□大學　□專科　□高中（職）　□國中　□國小以下（含國小）
5. 聯絡地址：
6. 聯絡電話：
7. 電子郵件信箱：
8. 是否願意收到出版物相關資料：□願意　□不願意

購書資訊：

1. 您在哪裡購買本書？□金石堂（含金石堂網路書店）　□誠品　□何嘉仁　□博客來　□墊腳石　□其他：＿＿＿＿＿＿＿＿（請寫書店名稱）
2. 購買本書日期是？＿＿年＿＿月＿＿日
3. 您從哪裡得到這本書的相關訊息？□報紙廣告　□雜誌　□電視　□廣播　□親朋好友告知　□逛書店看到□別人送的　□網路上看到
4. 什麼原因讓你購買本書？□對主題感興趣　□被書名吸引才買的　□封面吸引人　□內容好，想買回去做做看　□其他：＿＿＿＿＿＿＿＿（請寫原因）
5. 看過書以後，您覺得本書的內容：□很好　□普通　□差強人意　□應再加強　□不夠充實
6. 對這本書的整體包裝設計，您覺得：□都很好　□封面吸引人，但內頁編排有待加強　□封面不夠吸引人，內頁編排很棒　□封面和內頁編排都有待加強　□封面和內頁編排都很差

寫下您對本書及出版社的建議：

1. 您最喜歡本書的特點：□實用簡單　□包裝設計　□內容充實
2. 您最喜歡本書中的哪一個章節？原因是？

＿＿＿＿＿＿＿＿＿＿＿＿＿＿＿＿＿＿＿＿

＿＿＿＿＿＿＿＿＿＿＿＿＿＿＿＿＿＿＿＿

3. 您最想知道哪些關於自我啟發、職場工作的觀念？

＿＿＿＿＿＿＿＿＿＿＿＿＿＿＿＿＿＿＿＿

＿＿＿＿＿＿＿＿＿＿＿＿＿＿＿＿＿＿＿＿

4. 人際溝通、成功勵志、說話技巧、投資理財等，您希望我們出版哪一類型的商業書籍？

＿＿＿＿＿＿＿＿＿＿＿＿＿＿＿＿＿＿＿＿

＿＿＿＿＿＿＿＿＿＿＿＿＿＿＿＿＿＿＿＿